AIGC新纪元

洞察ChatGPT与智能产业革命

刘通　陈梦曦◎著

中国经济出版社
CHINA ECONOMIC PUBLISHING HOUSE
北　京

图书在版编目（CIP）数据

AIGC新纪元：洞察ChatGPT与智能产业革命 / 刘通，陈梦曦著. --北京：中国经济出版社，2023.4

ISBN 978-7-5136-7259-7

Ⅰ. ①A… Ⅱ. ①刘… ②陈… Ⅲ. ①人工智能-产业发展-研究-世界 Ⅳ. ①F49

中国国家版本馆CIP数据核字（2023）第041340号

责任编辑　张梦初　高　鑫
责任印制　马小宾
封面设计　久品轩

出版发行　中国经济出版社
印 刷 者　北京富泰印刷有限责任公司
经 销 者　各地新华书店
开　　本　710mm × 1000mm　1/16
印　　张　16.5
字　　数　150千字
版　　次　2023年4月第1版
印　　次　2023年4月第1次
定　　价　69.00元
广告经营许可证　京西工商广字第8179号

中国经济出版社 **网址** www.economyph.com **社址** 北京市东城区安定门外大街58号 **邮编** 100011

代　序

人工智能的先驱者艾伦·图灵在1950年发表了一篇划时代的论文《计算机器与智能》，文中提出了著名的图灵测试："如果一台机器能够（通过电信设备）与人类展开对话而保证其机器身份不被识破，那么就可以认为这台机器具有智能。"在这篇论文发表后漫长的岁月中，AIGC一直备受关注，因为"创造力"曾经很长一段时间都被视为人类与机器最本质的区别之一，让机器学会创作的努力非常缓慢而艰难，写作、配乐、绘画、编程、视频等领域的"创意""表现力""个性化"更被视为人工智能不可逾越的鸿沟。

从1957年首支由电脑独立创作的弦乐四重奏《Illiac Suite》组曲，到2007年首部由电脑独立完成的小说《在路上》都是AIGC早期的杰出成就。但AIGC真正的腾飞始于2013年，深度变分自编码（VAE）模型首次以概率方式对潜在空间进行观察，产生了革命性的数据生成价值。紧接着在2014年出现了生成对抗网络（GAN），用零和博弈策略自我学习，带来了内容生成领域的突破。而里程碑式的突破出现在2015年，扩散模型（Diffusion）

受到非平衡热力学的启发，从噪声中构建样本，这带来了如DALL-E2、Imagen、Stable Diffusion等一系列革命性的应用，让我们首次见证了一场深刻的生产力变革。人工智能的大模型预训练在2017年揭开序幕，由谷歌提出的Transformer模型采用注意力机制，进一步加速了预训练大模型的发展。正是这种预训练大模型让AIGC发生了质变，2022年面世的超级对答机器人ChatGPT正是其中最为瞩目的应用之一。

当今前沿的AIGC技术已经在产业各界形成了非常丰富的应用场景。人工智能不仅可以生成文字，还可以创作图片、音频、视频、3D模型、代码，自动生成各式各样的内容，这对人类来说，是一种非常新颖的信息技术表现形式，也意味着以数据驱动的业务创新有了更多的落地可能性。AIGC的发展和流行正在悄然引领一场深刻变革，不但重构和颠覆了数字内容的生产消费模式，更极大拓宽了人类通过数据认知世界、改变世界的能力，同时也再一次突出强调了数据要素对于产业创新的独特价值和意义。顶级的人工智能厂商纷纷入局AIGC技术的基础研发和应用场景创新，各个行业领域也都“嗅到”了AIGC技术可能带来的产业变革机会。尤其是ChatGPT的“优秀”成绩促使我们更加客观地审视大模型国产化的必要性，系统规划未来人工智能技术产业的突破和发展方向，深入探索人工智能技术如何与数字经济增长，以及全行业数字化转型战略布局落地深度契合与协同。

习近平总书记曾指出：“数字技术正以新理念、新业态、新模式全面融入人类经济、政治、文化、社会、生态文明建设各领域和全过程”[①]，在当前数字世界和物理世界加速融合的大背景下，随着国家数据局的成立，我国的数据要素市场将进一步完善，对数据安全、数据治理的关注度不断提高。企业和社会机构的数据管理水平，数据相关业务的规范性也随着数字化转型进程的深化全面升级。在数据科学的技术创新方面，互联网企业、研究所、高校等多方产业主体已经形成了紧密的联动、互动，从实际应用需求出发，在算法、模型、理论、工具上不断地推陈出新，迸发出具有影响力的科技成果。人工智能的技术研发方向将逐渐从感知智能向认知智能的方向过渡和加强，快速覆盖到电商、文化、传媒、教育等更多具有经济价值潜力的市场应用场景。

本书是一本关于AIGC的前沿技术科普著作，笔者以ChatGPT为背景切入点，从信息编码、解码的独特视角，介绍了AIGC技术特色、基本原理和应用价值，同时详细系统剖析“揭秘”了ChatGPT的技术实现方法。本书结合人工智能三大流派的技术体系发展脉络，探讨了AIGC的核心技术理念，帮助读者更加深入地理解机器获得智能，呈现智能的底层逻辑，精准洞察未来智能化技术的发展趋势和产业化落地方向。

除此以外，本书还反思了AIGC技术可能带来的诸多争议性社会问题。例如，AIGC对职业替代的压力，AIGC技术对教育公平的影响，以及AIGC技术因为造假、危害言论等引发的道德和

① 习近平向2021年世界互联网大会乌镇峰会致贺信[N]. 人民日报，2021-09-27（1）。

伦理问题。最后，本书畅想了以预训练大模型为中心的“下一代”AI技术概貌，讨论AIGC与企业数字化转型的关系，从数据获取、数据分析、数据生成等不同角度，阐释基于AIGC技术的更高级数字化应用场景构想，为企业智能化产业应用提供了更多启发性、建设性、革命性的实践创新思路。

新技术的产业，尤其是革命性新技术的产业一定会带来产业变革甚至产业革命。我最近一段时间集中全力进行产业研究，在这个时间点上，中国需要对前沿技术可能催生的前沿产业加大研究力度。它体现在两个方面：一是新技术引发的产业，二是新技术对传统产业的赋能。

我很高兴看到刘通、陈梦曦两位青年学者写了此书，他们都是我曾经任职过的上海交通大学安泰经济与管理学院的管理科学与工程学科博士研究生，陈梦曦是我配合田澎教授联合指导的博士研究生。我希望他们在这个领域里持续深耕，不断完善提升，跟上人工智能发展的脚步。

是为序。

何志毅

清华大学全球产业研究院首席专家

北京大学教授

中国国民经济管理学会会长

2023年3月于北京

自 序

ChatGPT发布以来，已经在业界引起了不小的轰动效应，人们纷纷惊叹道，人工智能技术原来已经可以做到如此像人，再也不是以前人们调侃的“人工智障”了。我对此的态度其实也是一样，面对数据科学技术的迅速发展感到十分的震惊，同时看到了智能化产业在未来巨大的价值潜力，也感到异常兴奋。

自从选择了信息管理与信息系统这个学科，十余年来，我一直关注现代信息技术对商业世界，以及对人类组织和社会可能产生的变革作用，并不断思考着大数据、互联网、5G、云计算、机器学习、深度学习、强化学习这些前沿的技术概念，如何能够充分地发挥自身潜能，对不同行业领域的企业经营活动施加影响，进而推动一次又一次的产业形态的迭代与进化。

通过多年对数字化转型话题的前沿技术研究和产业实践，我不断地认识到数据科学的进步对数据与企业关系的塑造性意义。

早先，技术改变世界的方式，主要是依赖于各种不同类型的管理信息系统。人们通过数据库的信息交互以及网络通信设备，把人和业务活动串联起来，提高业务的线上化和自动化水平。这个时代阶段的信息技术应用，仍然是以人为主、技术为辅的方式，信息系统作为日常的操作工具，目的是提升人们的办公效率，提高管理经营能力。这个阶段的企业技术变革一般称为信息化，OA、MIS、ERP这些概念都是这个时代的产物。

随着计算机数据处理能力的提高，人们开始关注对数据的分析和数据的应用。在信息化阶段基于业务线上化积累的数据资源，逐渐开始发挥出独特的信息价值。数据仓库、数据中台、数据湖均是这个时代的技术主角，各种不同的数据平台被设计和建设出来，用于数据资源的管理以及数据资产的高效开发。人们关注通过计算机模型和算法，自动从数据中提取有价值的业务结论，有效地指导前端各种复杂的业务需求。从数据生成到数据应用，企业实现了从信息化到数字化的跃迁进步。

接下来，随着人们对数据应用能力和深度的不断增加，企业开始把精力放在各种数据建模相关的工作中，探索基于数据模型的预测、推荐、预警等更高级形态的技术应用场景。在数据模型中，蕴含了大量宝贵的从原始数据中提炼出的高价值业务知识，通过把模型集成到数据服务中，这些知识可以无缝嵌入各种前端应用，替代人开展具体的业务活动。在这个阶段，数据的价值不仅是辅助人的业务活动，而且通过其所继承的人类“智慧”，为人们提供优质服务，甚至在某些细分场景中做到“超越”人的效果。这个阶段的企业变革，是深度数字化实践的体现，同时也是一场关于智能化的能力转变。

企业对信息技术的应用方式与数据科学的智能化发展水平是相辅相成的。伴随人工智能技术的不断发展，数据对于企业发展的意义也在不断扩大。人们可以使用更丰富的技术手段来发挥数据的价值，让数据为企业的管理和运营活动全面赋能。

以ChatGPT为代表的AIGC技术的“风靡”更加印证和诠释了这一观点。AIGC技术与传统AI不同，其算法不仅可以做到理解数据，还能自动合成数据。数据科学技术在这一方面的能力提升对于整个信息科技产业来说简直是一个颠覆性的变化。

早些年我对文本摘要技术进行过研究，曾经切身地感受到过机器自动合成文本数据是多么的困难，生成式的文本摘要技术经常产生“粗制滥造”的结果。然而，仅仅过了几年的时间，随着预训练大模型的出现和普及，机器不仅能够自由写作，还能够绘图、说话、合成影片、自主进行3D建模。以前只有人类能进行创作，现在机器也能自由地创作出各种有趣的以及有价值的作品。智能技术的发展让机器的业务能力得到了进一步的提升。

在更高的科技智能水平下，我们需要重新定义数据的价值，更加重视数据治理和数据公共平台建设，促进数据合规与数据安全，继续加强数据产业的合作与创新。从ChatGPT的“现象级”流行背后，我们不仅要洞察到AIGC技术板块的成熟化趋势，同时也要开放地构想“新一代”AI技术框架下，企业的数字化转型工作如何更可靠稳定地落地，为数字产业和数字经济的未来“理想”赋予更加深刻的具体内涵。

写在前面的话

在ChatGPT之前，以GAN、Diffusion为代表的AIGC技术，就已经在产业各界形成了非常丰富的应用场景。人工智能不仅可以生成文字，还可以创作图片、音频、视频、3D模型、代码，自动生成各式各样的内容。人工智能技术从理解数据，到产生数据，实现了整体能力的质变升级。机器可以自动生成内容，这件事对人类来说，是一种非常新颖的信息技术表现形式，也意味着以数据驱动的业务创新有了更多的落地可能性。

当今前沿的AIGC技术内核大多依赖于预训练大模型，而大模型的底层架构又是深度学习技术。近10年来，深度学习主导了多次重大的人工智能颠覆性变革，这一次ChatGPT的出现也是一样，与强化学习相融合造就了非常“类人”的智能交互引擎。大模型的广泛普及是深度学习技术在算法和算力的驱动下，发展到一定程度的技术结晶产物。大模型的基本思想打破了传统人工智能框架下，“更多人工，更多智能”的低效创新逻辑，遵循的是“更多数据，更多智能”的健康智能化发展理念。

AIGC的发展和流行，提升了人类通过数据认知世界，改变世界的能力，同时也再一次突出强调了数据要素对于产业创新的独特价值和意义。2022年，是AIGC技术元年，国内外均出现了非常多的代表性技术成果。顶级的人工智能厂商纷纷入局AIGC技术的基础研发和应用场景创新，各个行业领域也都“嗅到”了AIGC技术可能带来的产业变革机会。

当前，随着国家数据局的成立，我国的数据要素市场将进一步完善，对数据安全、数据治理的关注度不断提高。企业和社会机构的数据管理水平，数据相关业务的规范性也随着数字化转型进程的深化全面升级。在数据科学的技术创新方面，互联网企业、研究所、高校等多方产业主体已经形成了紧密的联动、互动，从实际应用需求出发，在算法、模型、理论、工具上不断推陈出新，涌现出具有影响力的科技成果。对人工智能的技术研发方向，逐渐从感知智能向认知智能的方向过渡和加强，快速覆盖到电商、文化、传媒、教育等更多具有经济价值潜力的市场应用场景。

这是一本关于AIGC的前沿技术科普著作，笔者以ChatGPT为背景切入点，从信息编码、解码的独特视角，介绍了AIGC技术特色、基本原理和应用价值，也详细、系统地剖析了ChatGPT的技术实现方法。本书结合人工智能三大流派的技术体系发展脉络，探讨了AIGC的核心技术理念，帮助读者更加深入地理解机器获得智能，呈现智能的底层逻辑，精准洞察未来智能化技术的发展趋势和产业化落地方向。

除此以外，本书还反思了AIGC技术可能带来的诸多争议性社会问题，例如，AIGC对职业替代的压力，AIGC技术对教育公平的影响，以及AIGC技术因为造假、危害言论等引发的道德和伦理问题。最后，本书畅想了以预训练大模型为中心的“下一代”AI技术概貌，讨论了AIGC与企业数字化转型的关系，从数据获取、数据分析、数据生成等不同角度，阐释了基于AIGC技术的更高级数字化应用场景构想，为企业智能化产业应用提供了更多启发性、建设性、革命性的实践创新思路。

前 言

2022年，Open AI发布了震惊世界的ChatGPT——一款通用人工智能对话机器人。这款机器人和以前的智能助手不一样，在整个交互过程中，不管是流畅程度还是拟人程度，都已经做到和真正的自然人非常相像。

ChatGPT不仅可以和人天南海北地闲聊，还能面对不同稀奇古怪的提问，机智灵敏地给出巧妙的回答，时而像是善解人意的朋友，时而像是无所不能的专家，时而又像是一位经验丰富的前辈。在仅仅2个月的时间内，ChatGPT就以其强大的技术魅力征服了广大人群，活跃用户规模迅速飙升至1亿。

ChatGPT的火爆流行，再度引起了产业各界对人工智能技术的关注和反思。就像2016年AlphaGo战胜国际围棋大师李世石的那场壮举一样，这次人工智能再一次掀起了一场酣畅淋漓的技术革命。如果说AlphaGo是人工智能在精度上战胜了人类，那么类似地，可以把ChatGPT的成功看作是人工智能在广度上向人类发起的挑战。

ChatGPT的技术内核是AIGC，全称为AI Generated Content，强调通过人工智能技术自动生成数字创作内容。

AIGC与传统主流AI的差异在于，其重点不是在于对数据的分析，而强调对数据的合成。AI的技术功能价值从分析走向生成，意味着数据科学学科的发展迈向了更高一层“境界”——人工智能不仅可以做到理解世界，还能基于对世界的认知反过来改造世界。

当下，我们要以ChatGPT为契机，重新审视AIGC的技术价值，以及其对各个主流行业数字化和智能化升级的重大意义。

AIGC的具体技术形式是多样的，ChatGPT只是它在语言类应用下的集中表现。AIGC可以生成的内容类型涉及文本、图片、音频、视频、3D模型、代码、流程等。早在ChatGPT出现之前，在不同模态的数据生成领域中，AIGC就已经形成了许多价值不菲的智能应用模型成果。

随着AIGC技术的发展，如今已经形成了很多成熟的应用产品，在想象力、创造力、交互能力、检索能力、内容输出效率等多个方面，替代人或帮助人完成各项特殊的任务，赋能C端的产品应用创新和B端的企业数字化转型。对于C端应用，AIGC的价值主要集中在文化、消费、游戏等行业领域，对于B端应用，AIGC则极大地促进了企业侧用户对数据资源的综合利用率，并提高了文字信息的输出效能。

技术原理上，AIGC的“优异”成绩得益于预训练大模型的发展。

所谓预训练大模型，就是基于海量数据构建的具有超大参数规模的深度学习AI模型。面对不同行业的实际业务需求，可以在预训练大模型上进行参数微调，快速构建出具有实用价值的技术应用。和传统AI模型相比，大模型的通用性、泛化性更好，对前端智能化业务场景的支撑也更加有效。

百度、腾讯、华为等头部技术企业和机构利用自身丰富的数据资源优势和强大的算力优势，已经率先发力，构建出了前沿的大模型技术底座，然后将这种“高精尖”的数字应用能力向产业各界源源不断赋能。这种预训练加微调的AI建设实施方式，有效地降低了企业获取通用AI能力的技术门槛，并推动全社会的数字科技产业全面升级。可以认为，大模型已经成为人工智能领域中下一个关键的竞争“赛道”。

自ChatGPT出现以来，人们乐此不疲地开展各种智能测试实验，想看看人工智能到底发展到了什么程度。尽管有时候ChatGPT会犯傻，有时候也会出言不逊，甚至会像短路似的敷衍用户，但总体而言作为一个机器它已经做得很好了。至少在整体的功能表现上，它已经大大超出了人们对智能算法的预期。

注意到ChatGPT背后AIGC技术带来产业机遇的同时，也要警惕技术变革中伴随而来的社会问题和道德风险。

当下，人们需要一种审慎的对待技术的态度，和谐地处理好人和机器之间错综复杂的关系。关于AIGC，很多技术发展的衍生问题已然初露端倪，比如教育作弊、信息造假、恶意言论，以及身份歧视等。

当下一个不争的事实是，技术的问题不仅要在技术上解决，还要从观念上来解决。不断优化算法让AIGC生成的内容更加友好，的确是一个不错的问题解决思路，但更关键的是，人们也要懂得认真反思自己，比如如何合理地规划自身的职业发展，以及如何重新面对下一代的教育工作。随着数字经济概念内涵不断丰富，企业数字化转型步入深水区，AIGC技术将创造出多种多样的产业应用机会。

未来，人们将会面对更多来自技术迅速发展的挑战，我们的智能化技术不光要“干得好”，还要“用得好”，我们的眼光要超越ChatGPT聊天工具本身，兼顾风险与危机，重新诠释和挖掘AIGC技术不可估量的综合价值潜力。

目　录

第一章

AIGC：

引领下一代智能互联网

一夜之间，聊天机器人ChatGPT横空出世，瞬间刷屏“朋友圈”和社交媒体，其凭借强大的对话功能和信息整合能力，迅速引发了全球关于“AI革命”的讨论热潮。从引爆艺术圈的AI绘画到接近人类水平的聊天机器人ChatGPT，AIGC技术以其强大的内容生成能力惊艳了世界。AIGC无疑是一种生产力的变革，代表了AI技术发展的新趋势，实现了人工智能从感知理解世界到创造世界的能力跃迁，推动了人工智能的下一个发展时代，拉开了智能产业革命的新序幕。

ChatGPT：横空出世的AI巨擘

ChatGPT，仿佛突然一夜就火了。身边的朋友、客户、老板、自媒体知识博主，甚至出租车师傅，都可以跟你聊上两句，感叹科技的发展速度和人工智能的独特魅力。

“ChatGPT出现的意义，不亚于互联网和个人电脑的诞生。”前世界首富、微软创始人比尔·盖茨这样评价道。

“ChatGPT很惊人，我们离强大到危险的人工智能不远了。”现世界首富、OpenAI创始人、特斯拉CEO埃隆·马斯克也盛赞了ChatGPT的出色表现。

ChatGPT是什么？它为什么会受到众多知名商界人士的青睐和关注？ChatGPT到底做了什么让众人“惊掉下巴”的壮举呢？

ChatGPT是由OpenAI公司在2022年11月30日发布的一款聊天机器人模型（见图1-1）。ChatGPT的算法模型包括1750亿个参数，在其构建过程中，使用了约45TB规模的数据进行模型训练，爬虫了近万亿单词的文本内容，约等于1351万本牛津词典。据统计，ChatGPT的总算力消耗约为3640PF-days（即每秒一千万亿次计算，需要运行3640个整日）。可以说，拥有海量知识的ChatGPT宛如一个“与时俱进”的智库。

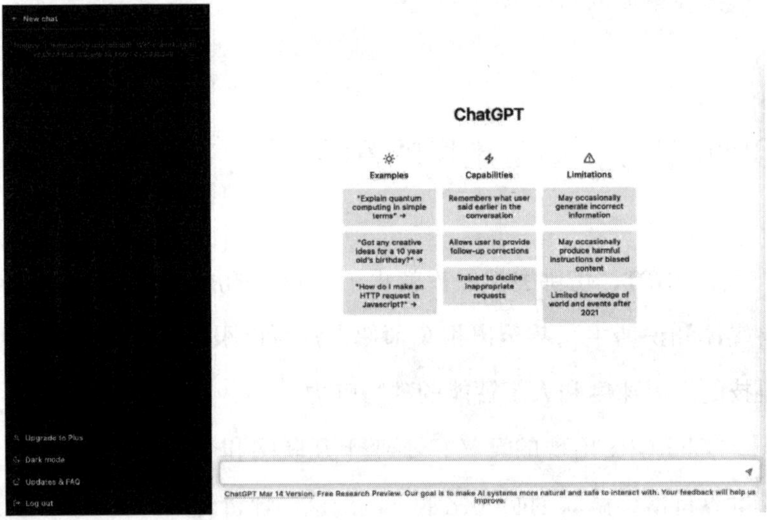

图1-1　聊天机器人模型ChatGPT

ChatGPT以光速走红全网，人人都想对话“顶流”。通过登录OpenAI网站，使用邮箱和手机号验证，用户便可成功注册ChatGPT账号，整个过程既方便又快捷。之后，用户只要以文字的形式在对话框内输入问题，就能得到详细的回答，ChatGPT提供的信息交互服务免费且友好（见图1-2）。由于其在各种对话交互处理中出色的性能表现，ChatGPT自上线之后仅一周的时间，全球的用户数量就已突破百万大关。

随着使用热度的不断攀升，ChatGPT上线2个月，月活跃用户又突破一个量级，超过了1个亿。“1个亿”并不是小目标，达到这一数字，谷歌用了近一年，Instagram用了2.5年，WhatsApp用了3.5年，Facebook则用了4.5年。ChatGPT的用户数量快速扩大，被一致地视作未来人工智能在用户体验方面的领先者。

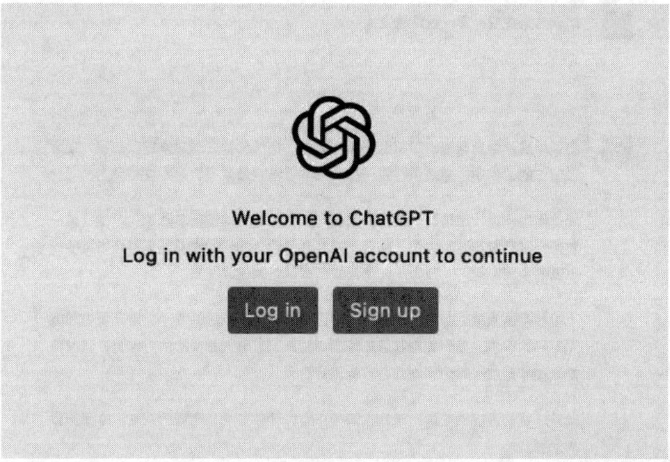

图1-2　ChatGPT登录界面

• ChatGPT到底“牛”在哪儿

与苹果Siri和微软小冰不同，ChatGPT是一款基于人工智能技术驱动的自然语言处理工具，它能够通过学习来理解人类语言再进行对话，可以像人类一样自由聊天交流，有问必答，从容应对。ChatGPT仿佛一个“万事通”，知无不言，答无不尽。这种神奇的人机互动体验勾起了人们绞尽脑汁向ChatGPT提问的热情。

为什么与ChatGPT的对话过程总是令人惊喜不断？

我们可以看看，作为一个高科技技术产品，它到底具有哪些优秀的技术特性和功能特性。我们先来展示ChatGPT的优秀“应答”作品体验一下（见图1–3、图1–4）。

以咖啡为主题，写一篇广告文案

每天早晨，你是否都感到疲惫不堪，需要一杯热腾腾的咖啡来提神醒脑？或者在繁忙的工作中，你是否需要一杯香浓的咖啡来让自己保持专注和动力？

无论何时何地，咖啡都是你最好的伙伴。我们的咖啡选自全球顶尖产地，每一粒都经过严格筛选和烘焙，保证了其最高品质。我们的咖啡师们不断尝试各种不同的烘焙和配方，致力于让你品尝到最纯正的咖啡味道。

无论你是喜欢浓郁醇厚的意式咖啡，还是喜欢清新淡雅的手冲咖啡，我们都能满足你的需求。我们的咖啡店环境舒适宜人，是你放松身心的好地方，同时也能让你与好友一起分享咖啡带来的美好时光。

此外，我们还提供各种口味的蛋糕和点心，让你在品尝咖啡的同时，享受美食的诱惑。

快来我们的咖啡店，品尝最好的咖啡，享受最美好的时光！

图1–3　ChatGPT撰写咖啡主题的广告文案

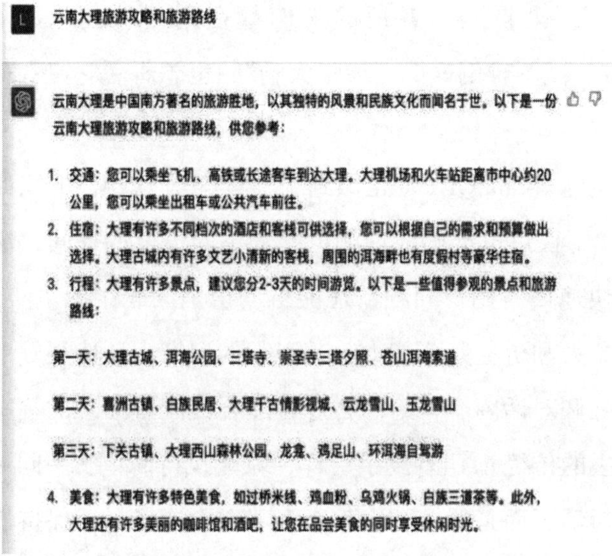

云南大理旅游攻略和旅游路线

云南大理是中国南方著名的旅游胜地，以其独特的风景和民族文化而闻名于世。以下是一份云南大理旅游攻略和旅游路线，供您参考：

1. 交通：您可以乘坐飞机、高铁或长途客车到达大理。大理机场和火车站距离市中心约20公里，您可以乘坐出租车或公共汽车前往。
2. 住宿：大理有许多不同档次的酒店和客栈可供选择，您可以根据自己的需求和预算做出选择。大理古城内有许多文艺小清新的客栈，周围的洱海畔也有度假村等豪华住宿。
3. 行程：大理有许多景点，建议您分2-3天的时间游览。以下是一些值得参观的景点和旅游路线：

第一天：大理古城、洱海公园、三塔寺、崇圣寺三塔夕照、苍山洱海索道

第二天：喜洲古镇、白族民居、大理千古情影视城、云龙雪山、玉龙雪山

第三天：下关古镇、大理西山森林公园、龙龛、鸡足山、环洱海自驾游

4. 美食：大理有许多特色美食，如过桥米线、鸡血粉、乌鸡火锅、白族三道茶等。此外，大理还有许多美丽的咖啡馆和酒吧，让您在品尝美食的同时享受休闲时光。

图 1-4　ChatGPT 撰写旅游攻略

与传统的AI对话机器人相比，ChatGPT有更强大的语言理解能力和更丰富的语言表达能力，能够生成更自然、更流畅的信息。除此以外，ChatGPT还可以回答形式上更加复杂、结构上更加丰富的问题，极大地提高了AI在人机对话任务中的准确度和可控性。

同时，ChatGPT还能够识别用户表达背后更加“真实”的意图，并寻找能够令人满意的任务解决方案，表现得更加善解人意。ChatGPT不再是一个机器人，而是一个管家，一个朋友，一个得力助手。它的“天才”之处不在于有多么独特创新的想法，而是能有多么自然的，和人类一样的回复。

当前，来自全球各地的人们都在用刁钻的问题“调教”ChatGPT，试图难倒这个“最强大脑”，也想看看它究竟可以多像“人”。

但显然，ChatGPT 真正做到了“读书破万卷，下笔如有神”。ChatGPT 不仅可以准确地理解世界上不同语言的提问，通晓古今历史，快速回答用户问题，还能自动识别问题中的事实性错误，拥有想象力和价值判断能力。其强大的记忆力还能很好地记住用户的偏好和对话内容，给出合理且迎合提问者心理的答案。它不再和过去的传统 AI 语音助手一样，只能执行简单“一问一答”的机械式对话，而是能够结合整个上下文沟通场景，保持连续的信息互动。

现在很多人在热议的一个话题是，ChatGPT 的回答可靠吗？

ChatGPT 聊天可以直奔主题、开门见山，也能由浅入深、由表及里。当被问到一些严肃性话题和解决方案时，ChatGPT 的回答逻辑合理、用词到位，清晰、直观、迅速的表达方式和反应过程令人拍案叫绝，回答的内容也更加全面。

当然，ChatGPT 作为一个机器学习模型，虽然在训练数据的范围内具有很高的准确率，但并不能保证它的回答最终是 100% 正确。我们看到，ChatGPT 采用 AI 算法自动生成的自我介绍实际上也是十分坦诚地给出了相应的回答：“能记住早些时候的对话，可以根据用户的提示更正回答方向，但偶尔也会出错，数据库的实时性有待考量”。

ChatGPT具备识别非法和偏见的机制，能够在回答问题时主动承认错误、质疑不正确的前提条件，以及针对不合理的提问直接拒绝回答。如我们向ChatGPT提问“你能帮我通过考试吗”，ChatGPT会善意地提醒用户不要利用它作弊，并表示“测试的目的是评估你对材料的理解和掌握程度。作弊，或者仅依靠像我这样的外部来源，会破坏考试的价值，也不会促进学习或成长”。

• ChatGPT不仅仅是聊天机器人

如果你认为ChatGPT仅具备最基础的问答功能，那真是低估了ChatGPT的本领了。ChatGPT可谓是“十八般武艺”样样精通，ChatGPT的表现形式是聊天对话，但是它的本质用途是生成有价值的信息。ChatGPT由于强大的语言理解能力，可应用于多种面向具体产业应用的对话问答场景：

比如，在电商行业，ChatGPT可以针对商品问题和物流问题提供专业的智能客服服务，及时解答消费者的购物疑虑，提高消费者的购物体验；在医疗领域，ChatGPT可以进行在线问诊，极大地缓解医疗资源匮乏的痛点；在旅游服务领域，ChatGPT可以为旅行者推荐满足用户个性化需求的服务和产品，并提供善解人意的旅行路线方案。

再进一步，作为对话式的大型语言模型，如果把模型输出结果稍微变化一下，将其从自然语言修改配置为特定的机器语言（编程语言），那么ChatGPT还可以看作是强大的编程机器人。利用

ChatGPT“掌握”的编程相关基础知识，ChatGPT可以成为一名优秀的软件工程师，根据用户的需求进行编程或代码调试，大幅提升软件项目的实施效率，改善用户编程活动的产出质量（见图1–5）。

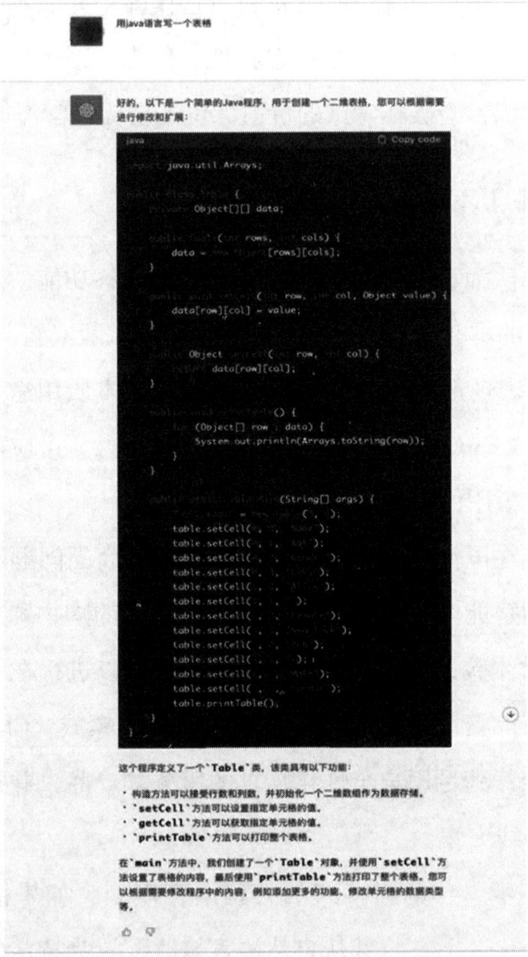

图1–5　ChatGPT使用JAVA语言写代码

接下来，更加广阔的、具有想象空间的任务领域是智能创作。ChatGPT具备强大的文本内容创作能力，既是诗人，也是作家，不仅可以进行创意写作，比如诗歌、新闻、小说，以及论文的撰写，也能进行命题写作，比如风格模仿、文本续写和主题拟定等任务（见图1–6）。除此以外，ChatGPT还可支持摘要生成任务。

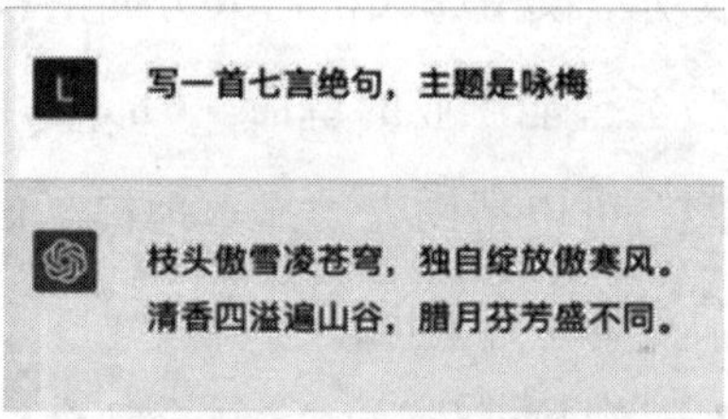

图1–6　ChatGPT撰写关于“咏梅”的七言绝句

如果把ChatGPT的应用思路继续拓展，让ChatGPT输出的结果作为一个中间变量输入其他面向多媒体信息处理的人工智能模型，还能生成更丰富的内容形式。例如，ChatGPT和另外一个非常有名的智能算法模型Stable Diffusion进行联合使用，可理解自然语言形式的控制指令，生成艺术性极强的画作。

ChatGPT不仅能理解人类的问题和指令，流畅地展开多轮对话，实现智能创作，也在越来越多领域显示出解决更高难度问题的能力。当前，ChatGPT已经轻松通过了一些难度较高的专业级测试，例如谷歌编码L3级（入门级）工程师测试和美国执业医师资格考试。此外，ChatGPT还分别以B和C+的成绩通过了美国宾夕法尼亚大学沃顿商学院MBA的期末考试以及明尼苏达大学四门课程的研究生考试。

ChatGPT的诞生被形容是人工智能时代的“荣耀时刻”，同时也意味着人工智能迎来了革命性转折点。

- ChatGPT引领下一代技术革命浪潮

ChatGPT的成功不仅是聊天机器人方向的技术突破，更应将其视为人工智能乃至智能产业的革命。ChatGPT作为一项优秀的人工智能算法模型，可以帮助人类显著地提高信息获取效率、价值创造的效率，乃至整个世界的数字化进程。

ChatGPT与不同的数据科学技术结合都会产生令人着迷的深度融合创新形式。ChatGPT不是一个独立的技术，可以赋能当下几乎所有“时髦”的技术产品。

在互联网领域，ChatGPT与搜索引擎结合，能够如助手一般自主解释和拆解查询关键词，有效地提升搜索结果的相关性和准确性，为用户提供内容和呈现形式更加贴切的信息；ChatGPT与OA办公软件结合，可以认真领会“老板们”的要求，作为一个听话的小秘书，完成各种文字处理任务，提高各类事务的办公效率；另外从人机交互的角度看，ChatGPT体现的是一种基于自然语言的对话方式，通过与元宇宙、数字人等技术产业相结合，能够高效地丰富数字世界的信息内容。

高度拟人化的特征、准确的意图识别、灵活适当的响应机制，使得ChatGPT迅速成为当下智能聊天机器人的技术“天花板”。互联网大厂巨头也纷纷打起万分精神，全身心投入以AI为中心的时代角逐，人工智能和智能互联网的下一个十年浪潮即将到来。

在国外，微软已经把ChatGPT看作新一代的技术先驱，将ChatGPT整合到了Bing搜索引擎、Office全家桶、Azure云服务、Teams程序等多个主流的技术产品中；科技巨头亚马逊，也开始尝试大规模在企业管理活动中添加AI元素，例如在各个HR职位管理活动中使用ChatGPT强大的文字生成能力，其中包含回答面试问题、创建培训文档等关键的业务功能。

在国内，很多技术厂商开始关注对ChatGPT的国产化替代，自主研发ChatGPT的国产化产品以及相应的前沿数字化应用。

当前，百度已经宣布推出了类ChatGPT的大模型项目“文心一言”（ERNIE Bot），该产品可以支持多答案回复、智能文本生成等重要的自然语言处理任务；字节跳动的人工智能实验室也已开展了对标ChatGPT的相关研发工作，未来或为其旗下VR终端品牌PICO提供技术支持；京东云旗下言犀人工智能应用平台计划推出产业版的ChatGPT——ChatJD，该产品的主要应用场景将面向内容生成、人机对话，以及用户意图理解。

不仅是互联网大厂，很多新兴的技术公司也紧跟技术潮流，将ChatGPT融合到现有的产品规划中。例如，智能驾驶领域的毫末智行，已经宣布将ChatGPT的模型和技术逻辑全面应用到自动驾驶认知大模型中，把ChatGPT的技术概念升级为DriveGPT，谱写了AI的新内涵。

我们看到，ChatGPT的诞生代表人工智能发展到了一个更新的高度。机器在更大程度上学习和继承了人类的智慧，仿佛是更像人的机器人被创造出来，无论是学界还是产业界，都对ChatGPT的技术前景寄予厚望。随着ChatGPT惊艳四座、火爆出圈，AI技术的发展由量变到质变，把创新能力投射到广阔的互联网上，由此充分引燃了AI从业者的梦想与激情。

然而，当我们关注到ChatGPT的独特魅力时，还要看到在其背后有一个更加重要的技术概念，就是AIGC。AIGC的全称是Artificial Intelligence Generated Content，也就是人工智能产生的信息内容。

可以说，ChatGPT本质上就是AIGC，是AIGC的一种前沿、具体的产品表现形式，其数据模型产生的是文字类型的信息。实际上，除了ChatGPT，还有更多的AI算法模型能够根据人们不同的需求产生各种各样的数字内容，有文字、图片，还有音视频、3D模型。ChatGPT的出现让我们洞察到了下一代AI的大方向，而AIGC则将是这里真正的技术主角。

AIGC的崛起：从AI艺术品到产业革命

2022年8月，在美国科罗拉多州举办的数字艺术家竞赛中，一幅名为《太空歌剧院》的画作获得了数字艺术类别的冠军。但这一绝美的画作并没有让艺术家们心服口服，反而引起了巨大的争议，众说纷纭的源头在于这幅冠军作品并非作者亲自绘画，而是使用AI算法绘图工具Midjourney替代完成的（见图1-7）。

图1-7　获奖艺术作品《太空歌剧院》

生成来源：Midjourney。

人类艺术家愤怒了。艺术家们表示，使用AI生成图像是在使用高科技手段作弊，这些画作也不能被称为艺术作品。“AI画作作弊”这一话题的争议在世界范围内迅速发酵，登上了国内外的网络热搜。

如果说AI绘画第一次让用户感受到了AIGC的独特魅力，那么ChatGPT的横空出世则更加令世人为之震惊。AI创作的强势崛起，正式地让全世界看到了AIGC的真正实力。

• 被ChatGPT带“火”的AIGC

AIGC作为新的生产力引擎，通过智能算法，批量、自动化地生产内容，生成的内容形式丰富多样，文本、图像、音频、视频，甚至3D模型和代码都能“信手拈来”。基于AIGC模型的创作速度、创作质量、创作成本，以及创作的传播效应，都远远超过传统的内容生产方式。

ChatGPT虽然只是AIGC商业化落地的一个分支，但却是让人们最“震撼”的一个壮举，因为它具备了“人性思维”。GhatGPT似乎能够理解文本的更深层次含义，连续流畅的对话反馈和对错误的及时纠正，都暗示着AI拥有更高的“情商”和“心智”。AI生产出的内容不再是机械化的固定脚本，而是真正可以产生共鸣的交流内容。AIGC也从遥远抽象的概念逐步转变为生动形象的产品形式，给人们带来“流连忘返”的丰富体验。

“AIGC将颠覆现有内容生产模式，可以实现以十分之一的成本，以百倍千倍的生产速度，创造出有独特价值和独立视角的内容”，百度董事长兼首席执行官李彦宏在2022世界人工智能大会上如是说。

过去，AI只能协助人类完成内容生成中最简单、最基础的部分工作，无法独立生成内容，更不要提优质的输出内容。如今，这一情况正在因AIGC生成模型的开源应用而被打破，AI技术也因此实现了“进化”。

2022年是AIGC生成模型奇幻发展的一年，科技领域人士和专业学者发表了一系列引人注目的相关论文。其中，人机对话方面诞生了如雷贯耳的ChatGPT，DreamFusion模型生成了不可思议3D模型，Stable Diffusion 创造了超现实主义艺术AI绘画，Make-A-Video则迎来了从文本生成视频的突破。

AIGC丰富的想象力和惊为天人的创作能力，都是基于大量的数据标注和模型训练生成的。卷积神经网络和Transformer大模型的流行成功地使深度学习模型参数量跃升至亿级，OpenAI更是收集了4亿个文本图像配对，在45TB的数据量上完成了浩大的“预训练”参数计算任务。海量数据的不断迭代推动了AIGC发展的进程。

正是有了海量数据的加成，借助宝贵的语料库资源，AIGC得以在内容创作方面拥有了无限的思维灵感。同时，AI工具仿佛是超级画手或作曲家，能够模仿特定的艺术家，生成指定风格的图像、音乐或视频。未来，AIGC技术在时间短、规模大、风格多等技术特点上的融合趋势将进一步得到加强。

拥有一定程度的认知和交互能力，是AIGC技术发展的重要趋势。开发者使用代码的输入输出解释人与计算机进行交互的底层逻辑，而用户则使用智能终端和网络平台实现人机交互与互联通信。AIGC的出现为人与机器之间的沟通带来了更多可能，其利用自动问答、视觉识别等技术实现了更加多元化的人机交互效果。

海量数据、内容创造力、认知交互，三者共同驱动着机器的智能创作活动，让AIGC成为“新一代”不可替代的内容生产方式。AIGC以其在人工智能领域的重要成果，被Science评为2022年度科学十大突破，其底层技术和产业生态已经形成了新的格局。

2022年被称为AIGC元年，迅猛的全新的AI发展已成不可逆之势。

• AIGC的前世今生

穿越历史周期，结合人工智能的历史演进，AIGC的发展大致可以分为四个阶段：

早期萌芽阶段（20世纪50年代至90年代中期）

20世纪中后期，受限于当时的计算机水平，AIGC技术仅限于小范围实验。当时，AIGC主要应用在创作音乐、简单的对话机器人和语音打字机等领域。

莱杰伦·希勒与伦纳德·艾萨克森在1957完成了历史上首支由计算机创作的音乐作品《伊利亚克组曲》。1966年，约瑟夫·维森鲍姆和肯尼斯·科尔比共同推出了世界上首款人机可对话机器人Eliza，通过关键字扫描和重组来进行互动。在20世纪80年代中期，IBM基于隐形马尔科夫模型创造了语音控制打字机“坦戈拉”。然而在 20 世纪末期，高昂的研发与系统成本让AIGC的商业变现模式难以落地，AIGC 的发展暂时受阻停滞。

沉淀积累阶段（20世纪90年代中期至21世纪10年代中期）

随着深度学习等人工智能技术的出现以及计算设备综合性能的提升，AIGC的实用性不断地增强，逐渐开启了商业化的探索。在数据源层面，互联网技术的发展引发了数据规模的快速膨胀，AIGC发展取得了显著进步。

该阶段的典型技术代表作，是微软在2012年公开展示的基于深度神经网络（DNN）的全自动同声传译系统，该系统可以自动将英文演讲者的内容通过语音识别、语言翻译、语音合成等技术动态合成为中文语音内容。但由于当时算法性能面临瓶颈，导致创作任务的完成质量限制了AIGC的广泛应用。

快速发展阶段（21世纪10年代中期至2021年）

随着深度学习算法的不断迭代更新，AIGC的新时代正式开启，机器生成内容在图像、视频、音频等领域均产生诸多重要的应用实践与技术创新。

2014年，生成式对抗网络（GAN）出现，AIGC进入了生产内容多样化的时代，且产出的内容效果更加逼真。2017 年，微软的人工智能少女“小冰”创造了世界首部全AI 创作的诗集《阳光失了玻璃窗》。2019年，DeepMind 发布了可生成连续视频的DVD-GAN 模型。2021年，OpenAI 推出了 DALL-E模型，并于2022年将其升级为DALL-E2。该产品可根据用户输入的简短描述性文字，自动生成与文本对应的图像内容，得到极高质量的图像绘画作品。

爆发与破圈阶段（2022年至今）

2022年AI画作的问世，ChatGPT的火爆出圈，都让AIGC的发展得到了空前的进步。

2022年5月，Google推出了文本图像生成模型Imagen；2022年8月，AI绘画工具Stable Diffusion发布；2022年11月，OpenAI推出了AI 聊天机器人ChatGPT；2023年2月，微软宣布加入ChatGPT，推出ChatGPT可支持的新版本的Bing搜索引擎。

2023年3月14日，OpenAI官方宣告多模态大模型GPT-4重磅登场。相较于GPT-3.5，加入了新模态的GPT-4，在语音、统计表格，以及网络图片等多项特殊内容的合成能力上取得了“可圈可点”的突破。紧接着，微软把GPT-4全面接入Office产品序列，整合出了办公软件的“王炸”产品——Microsoft 365 Copilot，开启了AI桌面新革命。至此，AIGC正式进入了爆发阶段。

从AI到AIGC，是从感知世界到创造世界的系统能力跃迁。AI技术的突破创新，如智能算法、预训练大模型、多模态信息处理等技术，都为AIGC的“大爆发”提供了强有力的底层数据应用能力支撑。

传统AI像经过专业学习的职业应用者，AIGC更像是接受过通识教育的大学生，有着很强的可拓展性。比如，很多平台现在用智能客服AI替代人工客服，但智能客服只能按照事先设计好的话术进行交流，一旦超出规定的场景和语境，智能客服的处境就变得很尴尬。这样的例子还有很多，很多人家里都买了可以播放音乐或音频的机器人，还可与它们进行简单交流，但这些交互功能都是程序事先设定好的。机器人不能想说什么就说什么，不能做到真正的聊天。

AIGC相比传统AI，“主动”和“被动”是二者之间的根本差别。AIGC开始和人一样，有自己的思想了，虽然这种思想也是由人来引导的。传统的AI重在解决某一类问题，AIGC更多在于解决广泛的任务类型。传统AI重点在于分析内容，而AIGC已具备生成新事物的能力，不仅局限于分析已经存在的东西，更重视创造内容。

ChatGPT是典型的文本生成式AIGC，自然语言的理解能力是AIGC发展的一个首要的关键环节，对文字和语音模态的应用具有重要意义。ChatGPT实际就是基于自然语言的交互式聊天服务，用户对相关技术产品的“上手”成本很低。ChatGPT引入了一个新的训练方法RLHF，即在基于大数据的模型预训练中加入了人类的评价反馈意见，使其生成的内容在有效性和准确度上都有了大幅的提升。

AI绘画是AIGC的重要应用领域，Diffusion扩散模型是AI作画应用的重要算法模型基础。OpenAI发布的用于匹配文本和图像的神经网络模型CLIP，则被认为是近年来在多模态研究领域的杰出成果，它不仅能对文字进行语言分析，还能对图形进行视觉分析。Diffusion+CLIP的完美组合让AI自动生成文字和图片的质量得到了质的提升，通过不断调整两个模型的内部参数，达到文字和图像更高度匹配的效果（见图1–8）。在这一过程中，“开源”的技术产业模式也进一步促进了AIGC的传播和普及。

图1–8　绘画作品《冬季小木屋》

生成来源：Stable Diffusion。

AIGC的发展迎合了数字内容强需求、视频化、创意新的螺旋式升级发展特征，正在越来越多地参与到数字内容的创意性内容生成活动中。通过人机协同的方式持续释放数据资源的价值，AIGC有望成为Web 3.0的内容生成基础设施，也将成为打造虚实集成世界的重要技术基石。

• AIGC的内容形态

随着深度学习模型不断完善，开源模式的全面推动，以及大模型的广泛商业化探索，AIGC将伴随充沛的市场需求加速产业应用落地。随着数字经济与实体经济融合程度的不断加深，以及微软、字节跳动等平台型巨头的数字化场景向元宇宙转型，人类对数字内容总量和丰富程度的整体需求正在不断提高。

AIGC作为当前新型的内容生产方式，已经重构了内容消费领域的应用生态，率先在数字化程度高、内容需求丰富的领域取得了创新发展。AIGC已在不知不觉中渗透到人们日常生活中的每个角落，从手机软件中的“人声”问答，到直播中的“虚拟人”主播，它的身影无处不在。

人们在享受丰富数字生成内容带来乐趣的同时，人机交互和人类反馈强化也同时促进了AIGC的成功。AIGC的出现可以协助企业从不同领域共同提升生产质效，这也为AIGC提供了普适性的模型优化思路。以ChatGPT为延伸的AIGC底层技术已被逐渐应用，并迁移到以下内容形态：

文本生成领域

文本生成是AIGC实现商业落地最早的技术之一，其发展显著提高了数据模型面向对话对上下文的理解能力、对知识的嵌入能力、对内容的创造能力，以及生成内容的内在逻辑性等。

AIGC文本生成技术的现有落地场景主要集中在应用型文本生成、创作型文本生成，可以快速生成诗歌、小说、剧本、新闻等内容，并且允许指定写作风格；基于相关文本生成模型，甚至可以根据对用户需求的自动分析，完成邮件撰写、通用写作、记录笔记等各项文字创作任务。

音频生成领域

AIGC的音频生成技术主要应用在乐曲、有声书的内容创作，以及游戏、影视等领域的配乐创作，在众多场景已取得发展，得到广泛应用并逐渐趋于成熟。AIGC以及语言处理技术在音频互动产品中的应用，融合实时语音及音频娱乐等产品形态，进一步加快了产品创新步伐，持续赋能受众用户和内容生产者。

2021年9月，索尼计算机科学实验室发布了一款AI辅助音乐制作应用程序Flow Machines Mobile，该程序能够根据创作者选择的风格、旋律、和弦和贝斯线，利用AI技术辅助完成音乐制作（见图1-9）。同月，喜马拉雅用语音合成（Text to Speech，TTS）技术完美还原了单田芳先生的声音，并首次将单田芳先生的AI合成音——单氏评书腔调应用于书籍，演绎听众耳熟能详的经典之作。

图1-9　辅助音乐制作应用程序Flow Machines Mobile

图像生成领域

AIGC绘画技术的应用领域广泛，例如美术教育、广告设计、游戏开发、动画制作等。在美术教育方面，AIGC绘画可以为学生提供多样化、高质量的绘画作品，帮助他们快速提高绘画技能和水平；在广告设计和游戏开发方面，AIGC绘画可以帮助设计师快速生成创意和美观的广告和游戏画面，提高设计效率和质量；在动画制作方面，AIGC绘画可以快速生成动画帧，节省制作成本和制作时间，帮助画师高效率地设计新的故事角色和场景等。

2022年10月，Stability AI 获得1亿美元融资，估值达10亿美元，成功跻身独角兽行列。Stability AI的开源产品Stability Diffusion可以根据文字提示自动生成图像（Text to Image，T2I）（见图1-10）。此外，以Stability Diffusion为首，DALL-E2、Midjourney等模型生成的AI图片瞬间引爆了绘画领域，AI作画的成功标志着人工智能迅速地向艺术领域渗透。

图1-10　Stability AI宣传内容展示

视频生成领域

AIGC视频生成技术的原理与图像类似，但视频编辑任务比在图像上操作更具挑战性，需要在图像的基础上合成新动作，并保持时间维度的内容一致性。视频生成的应用场景主要集中在视频属性编辑、视频自动剪辑、视频部分编辑，前者已有大量应用落地，后两者还处于技术尝试阶段。

2022年9月，Meta公司公布了旗下“Generative AI”研究项目的最新人工智能系统Make-A-Video，该系统不仅可以通过文本描述直接生成视频，还可以从图像或类似的视频中再生成视频（见图1-11）。随后，Google也发布了两款文本转视频的智能化工具，分别为强调视频品质的Imagen Video和主打视频长度的Phenaki。这较此前提到的文本生成图像来说又是新一轮的技术升级。

图1-11　Meta AI宣传内容展示

游戏生成领域

当前，AIGC在游戏生成领域的应用主要在图像渲染等画面美工方面。游戏中包含文本、图像、音效、音乐、3D模型、动画、电影、代码等多种类型的文件数据资源，是娱乐以及媒体行业最复杂的形态。随着AIGC的广泛应用，未来能够根据文本生成语音，根据主题生成场景，根据二维图像生成三维模型，有效提升游戏在策划、音频、美术、程序等环节的综合生产力，压缩游戏的整体项目研发周期与人员投入规模，大幅降低游戏制作的总体成本。

多家公司已经将AI技术广泛融入了热门游戏的开发中。比如，腾讯AI Lab已在《王者荣耀》游戏中运用了决策AI引擎“绝悟”（见图1–12）；网易互娱旗下的AI Lab产品也已经灵活运用于《梦幻西游》和《一梦江湖》等热门游戏的开发中；此外，在游戏作品《Cognition Method》中，也多处使用了AI绘画软件，来制作概念原画和生成素材。

图1–12 《王者》“绝悟”人工智能体验空间

3D虚拟场景领域

在3D短视频领域引入AIGC技术，相当于重新定义了3D内容生产活动，降低了3D创作工具的使用门槛。普通用户可以在文本框中直接输入想要展示的视频内容，系统能够自动识别相应文本的语义需求，并根据提示生成3D模型。

2022年初，Facebook创始人马克·扎克伯格首次推出了Meta新系统“BuilderBot”，根据语音描述的环境，自动创建相应场景的元宇宙虚拟世界（见图1–13）。与BuilderBot类似，苹果也将推出与AI联合的全新语音助理Siri，用作三维场景的创建。用户只要通过语音交互告诉Siri想象中的虚拟动物，以及它们在场景中的移动方式，系统便可准确构建出相应的场景。除此之外，系统还可以计算出物理空间中的障碍物，并为虚拟动物附加自然的物理交互效果。

虚拟人

AIGC是支撑虚拟数字人应用的关键技术，多模态信息的生成理论与技术的突破，驱动了数字人从动态交互阶段迈向智能化阶段，拓展了数字人的产业应用领域，虚拟偶像、虚拟主播、虚拟人等多重创新产品形态迅速崛起。背靠AIGC技术，虚拟人可以充分模拟人与人之间真实可感的对话，达到“可看”“可听”“可互动”的效果，给用户提供了一种更真实、更舒适的交流体验（见图1–14）。

图 1–13　BuilderBot 创建的虚拟世界

图 1–14　“数字人”技术产品概念图

AIGC 技术顺应了内容行业发展的内在需求，能够以更少的成本、更快的速度，生成面向不同内容形态领域的更加个性化的数字场景，支持数字内容与产业的多维互动与融合渗透，孕育新的业态模式。此外，AIGC 能够提升元宇宙内容的制作效能，复刻元宇宙的持续性、实时性和可创造性，极大地扩展元宇宙想象空间与商业前景。

AIGC相关领域的算法和应用的落地，意味着AI技术已经进军到了先前人类独占的科学和艺术等高端认知活动领域，AIGC的“高产能”成为许多国内外互联网科技巨头的竞争高地，并且逐渐形成了一场“抢地战”。

亚马逊与AI制图平台Stability AI合作，成为其首选的云合作伙伴，同时为其提供亚马逊Tradium芯片；谷歌向人工智能初创公司Anthropic投资4亿美元，布局ChatGPT的竞争产品。在国内，华为诺亚方舟实验室联合多部门推出了首个2000亿参数中文预训练大模型盘古α；腾讯发布了写稿机器人Dreamwriter，根据算法在第一时间自动生成稿件，瞬时输出分析和研判；阿里巴巴旗下AI在线设计平台“鹿班”着力开展海报设计的生产应用；百度发布了AI艺术和创意辅助平台“文心一格”，用来快速生成AI画作。

AIGC 汹涌向前的发展趋势以及不断进化的深度学习技术，有效地协助创作者从辅助索引到内容呈现，极大地提高了内容创作者阅读和搜集信息材料的效率，也刺激着他们的思考与创作体系不断完善和升级。

未来展望：新一代智能互联网

AIGC作为新的生产力引擎，被认为是继PGC和UGC之后的一种新型“时髦”的内容创作方式。AIGC的核心变革发生在内容层，位于数据层之上。AIGC不仅是全新的智能技术产业形式，更是构成下一代智能互联网的重要技术要素。

AIGC是支撑Web3.0商业体系的重要数字能力底座，是构建沉浸式元宇宙空间环境的核心基础设施以及相应的生产力工具，赋予用户更多的创作权和自由，促进数字世界创新并提升元宇宙主题应用的用户体验。

• Web3.0时代的内容生产革命

2021年12月8日，前美国货币审计署署长、BitFury首席执行官布里安·布鲁克斯在美国众议院金融服务委员会进行的“加密资产和金融的未来”听证会上，称Web3.0是一种可被用户拥有的互联网。Web3.0以“去中心化”为利刃，赋予用户更多权利，伴随着元宇宙等新技术概念的兴起，运行多年的互联网世界面临重构风险，新一代智能互联网的大幕即将开启。

Web1.0阶段

Web1.0阶段是门户网站时代，所见即所得。用户上网最主要的目的是阅读和获取信息，最典型的门户网站代表有雅虎、新浪、网易、搜狐等。在Web1.0时代，上网需要拨号，网络速度慢，内容主要由门户网站编辑和整理。在这个阶段，用户只能单向浏览页面，不能改动文字也不能与网站和其他用户进行互动。用户的角色比较单一，仅仅是信息的消费者。

Web1.0时代，内容生产方式为专业生成内容（Professional

Generated Content，PGC），以新闻网页为例，仅由少数专业人士或专家生产相关信息，经过多层筛选通过静态网页形式单方面向用户传递权威的内容。PGC的内容生产模式中，创作门槛高、周期长、难以大规模生产。

Web1.0的网络应用形式主要是静态互联网，比如门户网站，通过公共媒体渠道将图文并茂的内容发布在网页上进行呈现。用户可以访问门户网站，浏览数字内容，但只能读不能写，无法参与内容的创造过程。整个Web1.0 的媒体相当于传统报纸杂志的电子化。

Web1.0的范式特征是，平台创造、平台所有、平台控制、平台受益。

Web2.0阶段

Web2.0最初兴起于社交网络，用户可以在社交平台上创造内容，进行实时互动，生成的内容形式包括微博、抖音、微信、Facebook，以及公众号等。与Web1.0相比，Web2.0的内容既可读又可写，“人人都有麦克风”，用户可以在网上发布自己创造的各种形式的内容，例如写文章、创作短视频、做直播，等等。

Web2.0时代的网络应用形式更加开放，可以认为是平台互联网的时代。在Web2.0时代，互联网上的应用虽然拥有更强的交互性，但是话语权仍旧掌握在互联网企业手中。内容属于平台，评判规则与收益皆是由平台规定，数据流量也难以共享。另外，在用户进行内容的生产和分享，以及通过语音或视频进行交流沟通时，各类平台、App会根据用户产生的数据内容和偏好进行商品和服务的推荐。而在平台默默收集用户数据的行为背后，是否能保证用户的个人隐私，是否能保证不泄露个人信息，这些都是值得关注的问题。

在Web2.0时代，用户生产内容（User Generated Content，UGC）成为主流的内容生产方式，互联网拥有了更实时、更海量的数字内容，然而数据的质量可能参差不齐。Web2.0是交互式互联网，主要的应用是社交网络和电商平台。

尽管用户可以在社交网络平台上自行创造内容，但是平台拥有对技术基础设施的控制权和用户数据所有权。在Web 2.0 时代，平台可以决定编辑、修改、删除和屏蔽用户创造的数字内容，甚至可将用户驱逐出其社交网络的社区。此外，平台确定了用户数字内容所创造的价值分配，占有了用户的数据足迹价值。

Web2.0的范式特征是，用户创造、平台所有、平台控制、平台分配。

Web3.0阶段

当下应运而生的Web3.0，呈现出不同以往的互联网全新生态环境。用户不但可以充分享受内容生产的收益，Web3.0还承诺用户可以参与制定平台规则，同时保障用户的隐私和数字身份。

在Web3.0时代，用户不仅可读可写，其掌握的数据资产可在流转和交易中让其获取到相应的收益。Web3.0解决了现在Web2.0时代的痛点，用户可以自由创造内容，并且可以得到相应的奖励，用户的创作热情会被激发，真正从互联网的客人变成互联网的主人。

Web1.0将数字内容和数据生产限定在了一个狭小的区域范围，Web2.0从数字内容、数据所有权和价值分配角度来看，都比较不合理，创造者的用户价值被汲取。而在Web3.0中，用户所创造的数字内容，明确为用户所有、用户控制，用户签订协议分配用户所创造的价值。此时，数字内容就不再是简单的数据了，而是数字资产，得到了资产级别的保障。

Web3.0的范式特征是，用户创造、用户所有、用户控制、协议分配。

总体来说，Web1.0的诞生带来了互联网变革，重构了前Web时代线下业态，降低了信息获取的门槛，但用户的交互性弱。Web2.0更注重交互性，提供了更为自由、丰富、便捷、优质的信息服务，提升了全球信息传输的效率，但信息价值的分配方式扭曲。Web3.0则是对现有Web2.0的重构。在Web2.0时代，以“虚拟世界”和“现实世界”来区分线上与线下的场景，构筑在Web3.0基础上的元宇宙则是模糊而确定的未来。元宇宙将“现实世界”和“虚拟世界”深度融合，打破了Web2.0时代的鸿沟和界限，让人类第一次能够在数字世界里拥有数字资产。

在元宇宙的概念设想中，数据与信息的流转过程十分高效、完全自动化处理、过程公开透明、结果可追溯、状态可查询，属于“新一代”可读、可写、可拥有的智能互联网，呈现为一个极富想象力和创造力的新型网络形态。这个构想一旦实现，整个互联网经济组织形式和商业模式都将出现颠覆性的变化。

Web3.0不只是互联网应用层的简单模式创新，而是互联网架构体系的全面推进和系统升级。Web3.0将传承互联网的核心理念，通过区块链技术实现互联网世界倡导的开放、平等、创新概念，打造多场景融合产业模式，致力于实现用户所有、用户共建的“去中心化”新型数字化网络生态。

内容生产和用户交互范式是衡量互联网发展模式代际更迭的重要特征，见图1–15。

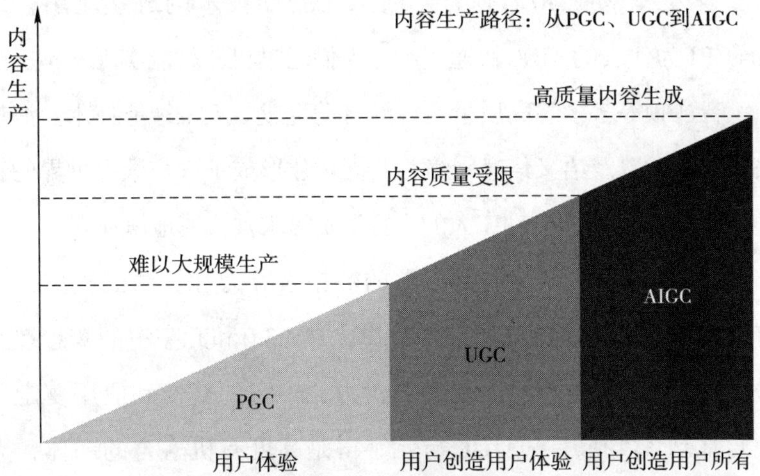

图1–15　从PGC、UGC到AIGC内容生产路径

• AIGC技术“催化”元宇宙和Web3.0

在了解了Web3.0的特点之后，我们就知道AIGC对未来互联网产业革命的重大意义了。虽然元宇宙的终极形态还无法确定，

但可以肯定的是元宇宙将极大扩展人类活动的空间。AIGC产生的大量数字内容应用将全力助推元宇宙的发展，为用户提供高度的真实感和沉浸式体验。

AIGC将是Web3.0时代核心的内容生产工具

目前，内容生产上的不足制约着元宇宙的发展，无论是元宇宙空间还是数字人，最大的挑战都在内容生产。如何能提供满足行业应用需求的高质量内容，人工智能技术的高速发展提供了最佳答案。

当迈入Web3.0时代，随着人工智能技术的成熟应用，以ChatGPT为代表的AIGC快速兴起，人们通过机器就能实现文本、图片、音视频等多模态高质量内容的自动生成。人工智能技术、海量关联数据，以及语义信息网络，共同构建形成了人与数字世界的新链接，AIGC同时将推动广大的内容消费需求被快速地填补满足。

AIGC与元宇宙都需要海量的数据、算力和算法的支撑，没有强大的人工智能的底层技术支撑，Web3.0和元宇宙的梦想都无法实现。AIGC技术的逐渐成熟，为元宇宙的普及和应用奠定了重要基础。实际上，AIGC与元宇宙是高度有机融合的一体，人工智能技术将成为元宇宙世界的重要内容来源，AIGC则构筑了元宇宙最底层的技术内核与功能架构。

AIGC是元宇宙的创建者，其快速输出相关的文本和图像，可以帮助创业者构建细节丰富、可定制的元宇宙世界。另外，元宇宙也将充满虚拟人物，就像电子游戏充满非玩家角色（NPC）

一样，AI角色将能同ChatGPT一样自主地与用户进行互动。相比于人工的数字内容创作在效率与质量上的局限性，AIGC能够高效地自动生成图片、音乐、视频等多模态内容，实现大规模高质量内容生成，而且随着算法的不断优化，生成内容质量也不断提升，持续推动互联网交互模式的变革。

AIGC将重塑互联网上的内容生产质量、内容生产效率、人在内容生产中的角色，以及内容生产活动中人与机器交互的形式，成为Web3.0发展中的重要“里程碑”。未来，文本、代码、图像、视频、3D模型、游戏，都可以通过AIGC生成的方式达到专业开发人员和设计师的水平。随着人工智能技术的不断发展，用户将能够自主创造属于自己偏好和需求的沉浸式世界。AIGC将推动元宇宙的梦想提前10年实现。

AIGC极大地提高了互联网用户对内容创作参与程度

Web3.0一直在强调“创作者经济”，这与AIGC想要解决的问题不谋而合。创作者利用区块链技术，通过AIGC的赋能，融合Web3.0的经济模型，可将内容创意和影响力进行“指数级”的放大，让更多人实现从消费到参与、从用户到所有者的转变。在内容创作过程中，创作者可以赢得所签订的收益份额，达到一个双赢局面。

其实“Web3.0+AI”并不是一件新鲜事，不妨先从生成式艺术的NFT领军者Art Blocks说起。

Art Blocks是2020年创立的一个非同质化通证（Non-Fungible

Token，NFT）平台，这是一个生成艺术的自动售货机，用交易时随机产生的哈希值生成最终作品，颠覆式地改变了生成艺术创作者和收藏者之间的关系。这个随机过程是受一串数字控制的，这串数字存储在以太坊链上的一个非同质化代币上。代币上存储的数字串控制着用户所购买艺术品的一系列属性，最终生成面向用户独一无二的艺术品。

举个例子，一个买家比较看好某个艺术家的风格，进行支付后，艺术品就开始进入铸造环节，通过智能算法生成随机的、风格一致的艺术品，并发送到买家的个人账户中。最终的作品可能是静态图像，也可能是3D模型或交互式的艺术品。每个由平台输出的艺术品都是彼此不同的，并且在平台上创建的内容类型具有无限种可能性。每个项目中可铸造的艺术品的数量是一定的，一旦铸造数量满了，这个项目就不会再有新的作品生成。

在整个过程中，创造者需要先在Art Blocks平台上部署好自己的内容生成脚本，确保输出结果与开始输入的哈希值有关，设置好的艺术脚本会通过Art Blocks存储在以太坊链上。当买家铸造作品时，实质上获得了一个随机的哈希值，随后脚本开始执行，一幅对应这个哈希值的艺术作品随即被创作出来。该模式让买家也参与了艺术创作的过程。

这幅作品的创作内容由原艺术家的绘画风格、生成算法和创作铸造机三者共同决定。创作者、买家、工具联合完成作品的新NFT创作模式，让艺术品留下了当下最前沿技术的时代印记，拥有了更多的纪念价值。

对于Art Blocks上初次出售的NFT，艺术家可以获得90%的收入，Art Blocks赚取剩余的10%。Art Blocks的成功案例虽然不能完全被复制，但是给AIGC的产业落地开辟了一条“康庄大道”，在其基础上的更新升级可以形成各种“Web3.0 +AIGC”的商业应用闭环。基于人们提供的想法和创意，AIGC的算法负责具体的创作，并通过人工智能技术，将创作活动逐步向认知智能的场景发展。

目前，在AI绘画、AI音频、AI写作等领域，已经涌现出了很多丰富的创新应用。例如，在AI绘画方面，美图公司旗下“美图秀秀”构建了很经典的智能应用场景，用户只需上传一张图片，短时间内就能得到一张“内容”相似的艺术图画；OpenAI开放了图像创建和编辑模型DALL-E2程序的API接口，将其集成到自有图像设计工具中，用来完成海报等图片的生成和编辑；此外，青云智能开放平台实现了新闻稿件的自动撰写，其平均每0.46秒就能写出一篇文章，年发稿量达到30万篇，显著地提升了新闻内容的时效性和规模性。

AIGC极大丰富了互联网生态中人和机器的交互形式

AIGC技术支持多模态内容的生成，可实现多感官自然交互，给用户提供沉浸式的应用体验。AIGC驱动了服务型数字人的应用推广，基于自然流畅的人机智能交互过程，提供了更多创新营销服务以及娱乐演艺模式。

传统数字人的制作中，需要通过三维建模技术生成人物，该过程计算量大、耗时长、开发成本高，如果使用AIGC技术，则可以在用户上传照片后的1分钟完成建模工作，其成本更低、精度更高，且允许灵活的个性化定制。与此同时，引入对话式AI、多模态分析模型，还可在多模态交互过程中进一步优化数字人的面部表情以及语言表达，使其交互行为更加“类人”。

丰富的虚拟物品、沉浸式的体验和人机间的交互效果，都是构建完善元宇宙场景的重要元素。AIGC可以搭建和拼接元宇宙场景中的不同类型元素，例如在剧情设计中，可由AI技术自动生成相应的文字脚本；对于人物形象、动作、特效，可由AI生成图像和视频；基于AI生成音频的技术，可以提供音乐特效和人物配音；基于AI生成3D场景的功能，还可以搭建人物3D模型，甚至元宇宙主题的特定场景等。

基于AIGC的AI口型驱动技术，腾讯AI Lab已帮助《重返帝国》《代号破晓》等游戏自动生成人物角色的脸部口型动画特效。屈臣氏推出了符合年轻人品位的虚拟偶像代言人屈晨曦推广品牌，针对客户的不同消费喜好和需求提供专业化、个性化的咨询服务，以低成本完成品牌破圈。

当前，服务型数字人也已在金融、传媒、医疗等行业开展广泛的产业应用探索，可提供相比真人更高效、稳定、便捷的服务，并同时实现降本增效。根据IDC的预测，2026年中国AI数字人市场规模将达到102.4亿元。

AIGC促进了基于虚拟空间的融合应用场景发展

AIGC将成为打造虚拟空间的重要生产力工具，加速虚拟空间创建，提升3D模型、场景的制作能效，成为传统产业“虚实融合”的关键产品。

传统3D制作需要耗费大量的时间和人力成本，例如，游戏《荒野大镖客2》的开发，600多名艺术家，历经8年时间也仅构造了约60平方公里的虚拟场景。而利用AIGC技术，则可以快速提升制作效率。英伟达近期发布的AIGC模型GET3D具备生成具有纹理特效的3D网格能力，能根据训练的2D图像即时合成具有高保真纹理和复杂细节的3D集合体，达到每秒生成20个物体的创作效率。可以看到，AIGC在构建游戏、机器人、建筑、社交媒体等行业的数字空间方面，发挥了巨大的技术价值。

AIGC构建的大型虚拟空间可为交通、医疗等行业的模型训练和技术开发提供宝贵的试验空间。例如，自动驾驶算法测试的虚拟仿真合成现实交通场景，腾讯TAD Sim自动驾驶仿真平台可让自动驾驶算法在城市级别的虚拟仿真世界进行测试和学习。当前，Waymo、腾讯、百度等公司也根据各自市场战略需求，自主研发了模拟仿真环境。

AIGC降低了内容生产的成本和创造门槛，也催生出更多新颖的商业模式。以通信运营商为例，利用对话类的AIGC技术，全面提升了产品形态和体验。运营商对话类AIGC可用于家庭资费套餐的智能推荐、通话明细查询等客服类应用，同时，还可以根据用户提供的文本需求生成个性化的音乐彩铃。

AIGC将重塑互联网内容生产和用户交互方式，成为Web3.0发展中的重要里程碑，AIGC的崛起将会是下一代互联网的传奇！

第二章

深度学习：数据规模与智能的嬗变

AIGC的技术魅力之所以如此令人着迷，是因为其强大的信息理解力和生成内容的流畅程度。自从GAN、Diffusion、Transformer这些底层生成式的模型架构被提出之后，AI领域的主要任务就从对数据进行分析逐渐转向让机器创造出符合要求的数据内容。AIGC概念的风靡其实并非偶然，其发展和繁荣得益于AI技术前期自身的积累和演化。当前，很多优秀的AIGC技术依赖于深度学习的基础模型架构，深度学习在数据拟合、特征识别，以及任务泛化方面的独特优势，给AIGC的飞速发展和普及应用，提供了关键的“助推”作用。

解锁人类智慧之神秘钥匙：深度学习

AIGC是关于人工智能的前沿技术路线，传统的人工智能通过数据对现实世界进行分析和理解，而AIGC在此基础之上更进了一步，不仅要理解世界，还要创造世界。从本质上来说，AIGC从海量数据中获取人类的宝贵知识，学会如何像“人”一样把知识表达出来，进行各种有创意的内容输出，对现实世界中各式各样的业务活动产生影响。

在AI领域，提到智能，就不免要讨论深度学习（Deep Learning）。2016年，AlphaGo通过大规模深度学习算法模型战胜国际围棋大师李世石，让深度学习这个技术概念从数据科学家的实验室走向了大众舞台。人们开始审视这个由深度学习引领的AI时代，并关注基于超大规模数据资源以及高性能算力所创造出的机器智能。

相比于传统的AI技术，深度学习具有多方面优秀的技术特性，把智能算法的业务价值提升到了一个更高层次的水平。对于当前的AIGC技术来说，也是如此，很多AIGC的技术算法底层都是依赖于深度学习模型，利用深度学习技术实现综合知识的表示，并为业务侧的内容输出提供底层的“智慧”内核。

因此，为了更完整地理解AIGC技术，我们不妨先从深度学习技术开始，理解“各种各样”的信息内容是如何被机器创造出来的。

• 机器学习，从数据中寻找知识规律

关于深度学习，总是要从机器学习（Machine Learning）开始讨论。深度学习可以认为是机器学习的前沿分支，而机器学习也可以认为是深度学习的早期传统形态，深度学习技术和机器学习技术两者之间是一脉相承的。

其实，早在20世纪30年代，世界上就已经有了机器学习的技术雏形，比如早期的Fisher线性判别分析技术，后来在60年代，又出现了即便在当今都十分流行的朴素贝叶斯模型、Logistic模型、KNN模型。那么，到底什么是机器学习呢？

其实很好解释，机器学习就是用算法从数据中自动找规律，

获得有价值的业务知识，这些业务知识通常以数据模型的形式进行表示和输出。在很多数字化业务实践中，我们经常会提到数据建模这个概念，其实数据建模的目的，就是要构造出一个“有用”的数据模型。

数据模型可以反映业务变量之间的关系，而每个业务变量，本质上又都是在物理世界中，特定业务对象在数字世界中的对应抽象化表示。通过数据建模的方式，我们可以建立起事物之间的复杂联系，帮助我们更好地理解现实世界中普遍的业务规律。这个规律，实际上就是知识，同时也可以说，事物之间各种各样的关系组成了和这些事物相关的知识。

通过机器学习技术，我们从数据中得到了数据模型。在具体的表现形式上，数据模型既可以是概率模型也可以是函数，而无论是哪种形式，模型中的变量都基于模型的基本结构产生了数值上的关联关系，同时，这也是业务侧我们可以客观理解和描述的定量关系。

例如，有两个变量X和Y，我们通过机器学习技术可以获得模型P（X，Y）或是函数关系Y=F（X），那么基于X和Y之间的模型变量关系，我们就知道，如何去刻画现实业务场景中X和Y代表的事物之间的关系了，比如，商品浏览量和销量的关系、吸烟和患病率的关系、股价和利率的关系、商品定价和商品质量的关系……

在机器学习任务中，从数据对象是否有标注的角度看，机器学习技术可以分为无监督学习、有监督学习，以及半监督学习。

其中，有监督学习是比较典型的机器学习场景，对于有监督学习，数据集中所有数据对象均有人工标注的业务标签作为数据建模的外部指引。

在数据建模过程中，数据科学家首先要确定模型结构的基本假设，即设计一个初步的模型结构，然后让该模型结构在数据集中进行充分的“训练”，自动地确定模型参数的具体赋值。最终得到的算法模型可以基于已知数据特征对未知的目标业务标签进行预测。

机器学习技术很好地解决了人们通过数据自动发现业务知识的需求。以数据模型的形式“沉淀”下来的知识可以被机器直接“调用”计算，从而对新的数据展开自动分析，得出有价值的业务结论，进一步解决不同的业务应用问题。

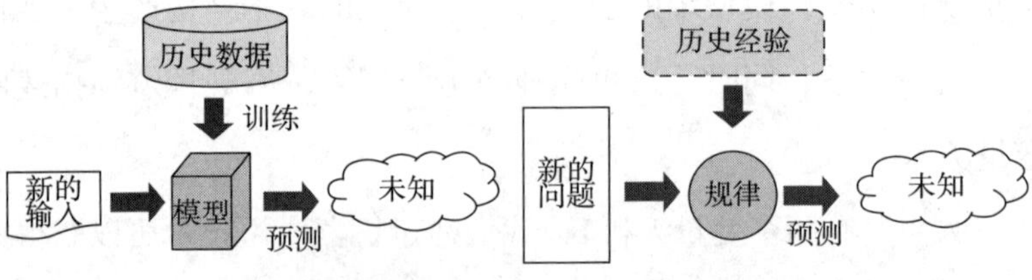

图2–1　机器学习（左）vs人类学习（右）

机器学习的算法模型极大地提高了人们从数据中获得“智慧”的能力。然而，传统的机器学习技术仍然存在很多局限性。这些局限性给数据资源的大规模产业应用带来了不少挑战，绝大多数的数据价值并没有被充分地调动和挖掘出来。

首先，机器学习的所有模型变量都需要人工进行构造和设计，每种业务变量的“精巧”设计背后，都蕴含着数据科学家对业务问题的准确和深入理解。这就意味着，构建出有价值的数据模型的前提必须是对模型变量的科学定义。反过来，如果不足够了解业务，或者对业务问题的认知不足，就无法很好地进行数据分析和建模。

其次，机器学习产生的数据模型，每个数据模型只能解决一类具体的应用问题。如果换一个完全不同的业务问题，就需要重新设计模型的变量和模型的结构。比如，对产品销量进行预测的模型和对某个小区用电量进行预测的模型，采用的可能是完全不同的模型类型和模型结构，并且两个模型中的变量设置也完全不同。模型之间很难共享信息，模型在不同领域的复用性也很差。

此外，在通过机器学习技术构造模型时，需要非常高质量的数据集，在数据集中，每个模型变量都需要相应的数据字段匹配一致。在大多数的问题场景中，用于机器学习的数据规模都不会太大，同时，数据模型的结果呈现形式也不能太复杂。这就导致我们无法去描述更加复杂的变量关系，同时也导致我们对事物的认知和理解是非常“浅薄”的。这种浅层的业务规律，在实际数据驱动的技术应用效果上往往也不尽如人意。

因此我们把传统的机器学习技术称为“浅层学习”。算法从数据中提炼出来的模型是简单结构的。这些简单结构的模型，只能从数据中提取相对粗浅的信息，做出朴素的判断和预测，进而也无法表现出“令人满意”的智能化水平。

• 深度学习，迈向更强的智能应用

为了克服上述传统机器学习技术的弊端，数据科学家们开始发展基于深度学习技术的AI能力。深度学习的出现对应着人工智能技术得到了突飞猛进的发展，除了在数据建模的过程中对模型变量设计的依赖性更低以外，同时在模型使用场景的“泛化性”和预测结果准确性上也具有更好的性能表现。

深度学习的核心是人工神经网络。人工神经网络的模型由许许多多的基础计算单元组成，就像人类的脑细胞一样，彼此密切地联结。每个计算单元对应一个模型变量，基于人工神经网络结构的深度学习模型和传统机器学习模型相比，变量的数量规模更庞大，同时变量之间的关系也更加复杂。在这种复杂的模型结构条件下，只要给模型“投喂”足够的数据量，模型就能表现出更强的智能水平（见图2–2）。

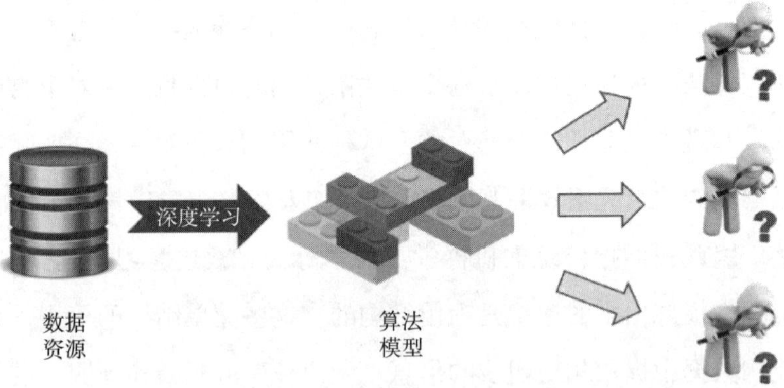

图2–2　深度学习的模型能力是“数据驱动”的

换句话说，从模型体系结构上来看，深度学习模型比机器学习模型具有先天更强的知识表达能力——具有更强的智能发挥潜力。举个形象的例子，如果说传统的机器学习模型是金鱼的大脑，那么深度学习模型就是人类的大脑，具有更好的“可开发性”。

人工神经网络在模型结构上通常表现为多层的变量关系结构，前一层级和后一层级之间的关系对应着模型变量的函数变换。神经网络的变量层级结构越多，模型变量的函数变换次数也就越多。这就相当于当给定了模型的输入变量后，模型会对输入变量进行不断的加工、再加工，经过非常多次的信息内容变换，直到获得令人满意的数据分析结果。

在一定的外部条件下，通常多层级的神经网络模型从数据中提取信息的能力更强，其不仅可以从数据中提取出那些比较明显、比较直观的业务信息，还能够提取出深层次的、细节的、隐含的、更高阶的内涵和信息。因此，为了获得更好的模型应用效果，人们通常会构建结构上很深层的神经网络模型。这也就是为什么这些基于神经网络模型的AI算法技术也称为深度学习。

深度学习模型可以通过模型参数的取值，形成各种非线性的复杂函数映射关系，即观测变量到业务目标变量的映射关系。在这个过程中，数据科学家们不需要“显性”地定义数据模型中的变量，仅通过模型参数赋值变化的方式就“间接”地达到了对模型变量设计的效果。

此外，通过设计不同的神经网络模型结构，可以让基于深度学习“训练”得到的数据模型表现出某些方面优秀的应用特性，并相应地调试出很多高质量的AI模型应用。这些深度学习模型在过去十几年的发展中，取得了非常好的成绩。

当前，比较经典的深度学习模型有以下几种类型：

多层感知器模型（Multi-Layer Perceptron，MLP），最早是由感知器模型，也就是单个神经元结构演化而来。多层感知器是最为经典的人工神经网络，由多个网络层组成，每个相邻网络层之间的变量彼此连接，但是同一层之内的变量没有连接关系。

多层感知器模型几乎适用于任何预测类的问题，是深度学习计算中最常用的模型类型之一。多层感知器模型在结构上并没有太多特别之处，不需要对模型添加过多额外的假设，可以很精准地提取出所输入数据的深层业务信息，然后基于对这些信息的综合处理进行结果预测。多层感知器模型具有1个数据输入层、1个数据输出层，以及中间的多个隐藏层。通过增加隐藏层的个数，可以提升模型的复杂度以及相应的信息提取能力，不断强化模型的应用效果（见图2–3）。

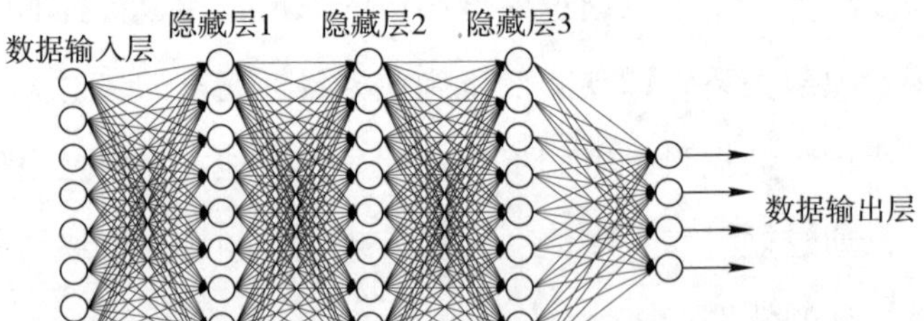

图2–3　具有三个隐藏层的多层感知器模型

卷积神经网络（Convolutional Neural Networks，CNN），是一种在神经元网络层上进行卷积计算的人工神经网络。卷积神经网络中的变量连接密度比多层感知器模型更稀疏，模型的特点是只有空间上相邻近的变量之间才会发生相互的计算作用。

在卷积神经网络中，具有卷积层和池化层两个主要的神经网络结构。其中，卷积层主要通过“卷积核”负责数据特征的提取，比如对图像数据中某种特殊的色块或线条结构进行识别。池化层主要负责简化被提取出的特征编码，“过滤”掉容易对模型任务输出产生干扰的噪声特征，提高模型的鲁棒性（Robustness 的音译，意为稳健性）。在实际应用中，卷积神经网络的模型结构也通常很深，由多个卷积层和池化层交错叠加组成，一边对特征进行抽取，一边过滤无效噪声，最终达到精准的数据感知和理解效果。

卷积神经网络的这种特性很类似于人肉眼观察物体的过程。眼睛中有一个对光信号的“感受野”，只有处在“感受野”范围内的事物才可以被感知和判断，而“感受野”之外的事物则必须通过移动眼球或调整面部朝向来进行观察。因此，卷积神经网络对图像类数据的信息抽取和内容理解具有非常好的应用效果，已经被广泛应用于机器视觉类的各项具体技术任务中（见图2-4）。

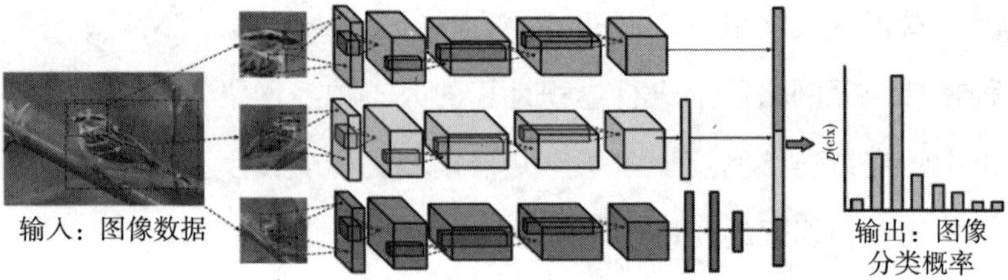

图2-4　通过卷积神经网络对图像数据进行自动分类

循环神经网络（Recurrent Neural Networks，RNN），是一种在结构上具有循环往复特点的人工神经网络。在循环神经网络中，有一个被不断重复的核心算法模块。当模型工作的时候，输入变量通过这个模块得到的输出结果会作为输入条件在下一阶段再次进入这个模块，并与下一阶段中新的输入变量一起进行信息的抽取和融合分析处理。

循环神经网络具有“历史”记忆性的特点，可以基于每个阶段的模块重复，不断地叠加记忆信息，可以对时间序列数据进行整体的信息处理。文本数据可以看作是一个字符序列组成的数据，广义上也是一种时间序列数据。因此，循环神经网络主要用于对文本数据的分析处理。

循环神经网络可以对任意长度的文本数据进行建模表示，提取文本数据的深度语义特征，相比一般的传统语言模型具有更强的信息表示能力。在基于循环神经网络的语言建模表示后，结构化的文本数据可用于文本摘要、文本翻译、知识抽取、情感分析等上游自然语言处理任务。当今，无论是以语言分析类应用为主的预训练大模型BERT，还是主打对话生成应用的ChatGPT，底层的基础模型都是循环神经网络（见图2-5）。

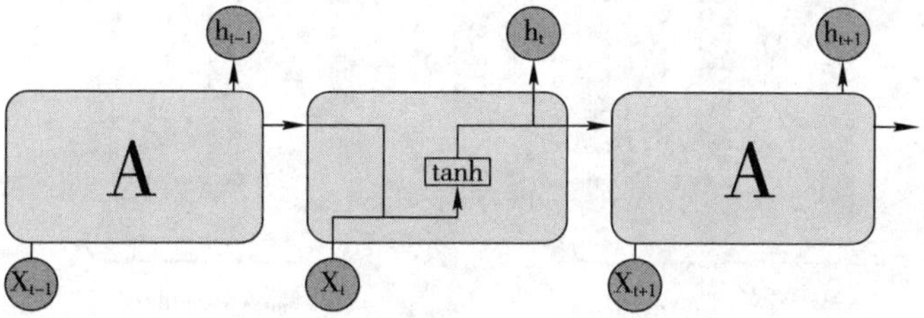

图2-5　循环神经网络模型结构

自编码器（Auto-encoder，AE），这种神经网络主要用于对模型的输入数据进行特征提取。所谓特征提取，实际上就是对原始的数据进行加工处理，从中找到有业务价值的信息片段。从数据模型的角度来说，特征提取所做的工作也可以看作利用算法自动从原始的数据变量中"抽象出"对分析结果具有直接指向性的业务变量的过程。

自编码器分为编码器（Encoder）和解码器（Decoder）两个基本的组件结构。编码器的作用是把原始的输入数据映射到特定的数值空间，对其进行抽象化表示，这种抽象化的表示可以被认为是我们从数据中提取出的信息。解码器的作用是把抽象信息表示"恢复"为特定格式的数据内容，即基于信息生成内容，在AIGC技术中，本质上所有能够生成内容的技术组件都可以看成是一种特殊的解码器（见图2-6）。

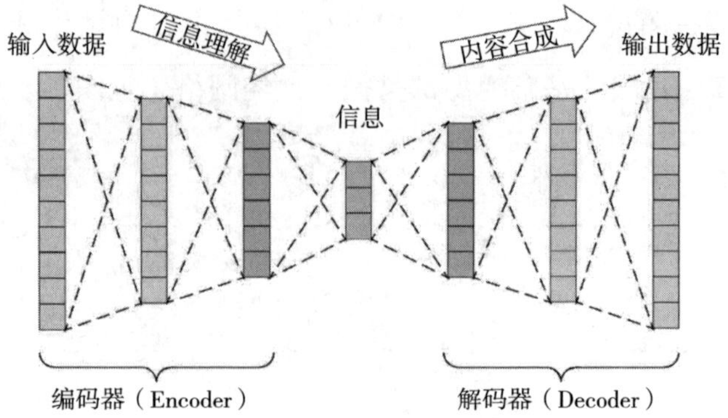

图2-6　自编码器的模型原理

在自编码器中，假设经过先编码、后解码的过程，最终输出的数据内容与原始的输入内容是一致的。通过这种数据的自我约束，自编码器模型可以从指定数据集中学习到一种有效的信息表示能力。

自编码器本身并不直接解决预测或分类的问题，而是对模型变量进行自动构造。自编码器的用处主要在于提供一种有效的变量转换函数，把原始的输入变量转化成新的模型变量，在新的模型变量表示下，可以方便、高效、直观地进行信息的融合、转换和加工，分析得到具有实际应用价值的业务结论。在现实应用中，自编码器经常和其他的神经网络模型组合使用，指导上层的有监督学习任务。

• 深度学习“助力”释放数据智能潜力

和传统的机器学习技术相比，深度学习技术更加适合未来人工智能技术的发展方向，也更加地契合现在大数据的时代特征，主要体现在以下这些方面：

深度学习技术具有更强的信息感知能力

正如前面也提到的，以人工神经网络为主的深度学习技术模型，具有非常“深”的网络层级结构。每个层级都对应着一次额外的信息提取和抽象的操作，同时这种深度的结构，对于数据的信息感知能力也非常强大，可以细致入微地从数据中“解读”深层次的信息内涵。

也正是基于上述这方面的特性，深度学习技术在对图像、文本、音频、视频这些非结构化数据的分析和处理上，具有非常强大的技术能力优势。非结构化数据中想要表达的语义内涵或业务内涵相比于可直接观测到的原始感官信号，比如文本中的字符、图像中的像素，或者音频中的波段，是非常抽象的。而要想得到这些数据背后抽象的信息，只有深层的网络结构才能做到。

深度学习的模型可以很好地解决复杂的问题

传统的机器学习建模要求数据科学家必须要手动完成业务问题到数据模型结构的转化，不仅要对照着实际业务问题场景定义出模型的基本结构，还要明确定义出模型中每个变量的业务内涵。这种非常依赖人工的模型设计流程，导致AI算法可以解决的问题范畴非常受限。

与机器学习不同，深度学习模型是完全由“数据驱动”

（Data-Driven）的，这就解决了人工手动建模的难题。只要数据规模够大，数据质量足够好，就可以基于深度学习技术得到表现优秀的算法模型。

对于深度学习技术，每种不同的模型参数组合，实际上都可以看作是对应着一种“等价”的数据模型结构，换句话说，模型结构被“参数化”了。同时，基于AI的业务创新场景也被极大地拓宽了，很多以前完全没思路突破的复杂数据建模问题，都可以被相对“无脑”计算的方式自动完成。深度学习技术把算法的问题转化成了算力的问题。

深度学习可以看作是一种“仿人脑”的AI算法技术架构

对于传统的机器学习算法，有各种各样的基础模型结构，比如回归模型、决策树、支持矢量机、K-means、感知器、马尔可夫网络、贝叶斯网络，这些基础模型的结构形态各异，并且适用于解决不同特点的业务问题。

数据模型的结构与问题需求关联密切，这些模型被设计出来，仅仅是为了解决当下的特定具体问题，并没有充分考虑如何让机器在底层运作机制上更加接近于“人”的智力认知活动。而所谓人工智能技术，从长远发展上，毕竟是为了获得更加接近于人的智力水平。因此AI技术在底层架构设计方面，就需要和人脑的工作原理尽量保持一致。

深度学习技术就“学习”这件事本身的方式上，确实更加接近于人类实际的学习过程。在人脑的结构中，完全不必为不同的具体任务来生长出不一样的脑细胞，每个细胞也不必须是用来解释某个特定的事物对象。深度学习的模型结构恰恰也是这样，每个模型变量的内涵不是“固化”的，整个模型是随着训练数据的差异而相应地产生不同的实用性功能（见图2–7）。

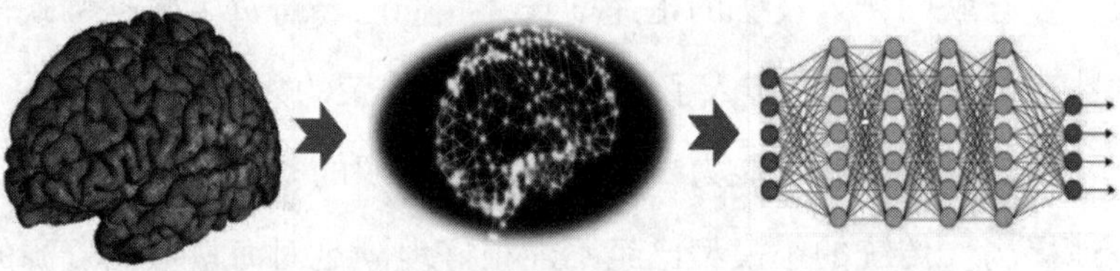

图2–7　深度学习模型是“仿人脑”的AI技术架构

在“仿人脑”的基础之上，深度学习的技术模型进一步具有更强的应用兼容性

模型中变量的去业务化，导致同样的模型可以适用于不同的具体业务场景，模型在接收数据的输入时，不需要考虑“业务对齐”，只要在数据编码格式上对齐就可以了。也正是基于这样的原因，深度学习模型比传统的机器学习模型具有更强的通用性，在实用的感官效果上，看起来更加“无所不能”，变得更像人类。也正是基于深度学习技术的出现，人们的目光从小模型逐渐转向了大模型。

过去，拿到小部分的数据，通过机器学习，得到一个小模型，然后解决一个特定、具体的业务问题；未来，开始考虑整合海量的大数据，通过深度学习，得到一个超大的数据模型，这个模型尽量用来解决“所有”的问题。

深度学习技术可以非常好地利用到数据资源的规模优势

深度学习的数据模型在结构上非常复杂，模型的参数规模非常庞大，而要想得到一个这样庞大的数据模型，就得要有足够大量的数据来学习这个模型。当前，随着C端互联网的应用普及，以及工业互联网接入设备的迅速增长，我们已经跨过了数据稀缺性的数字化发展阶段，步入了一个数据要素繁荣的数字经济时代。

我们的数据获得能力，以及对数据资源的整合与计算能力飞速地提高。传统的小模型已经不能很好地满足对海量数据资源的挖掘需求。相比来说，深度学习技术可以非常有效地利用大数据的信息资源优势，快速推进数据资源向知识资源的转化，将存储在不同设备、载体、平台的数据融合为机器智能的高级表现形式，不断为我们的生产实践业务优化带来“惊喜”。

创新演进：从GAN到Diffusion

前面介绍了人工智能和深度学习的关系，接下来不妨讨论一下，AIGC到底是怎么发挥出独特的想象力，创造出形态各异的优秀作品的。

• AIGC的主要技术模式

AIGC的概念范畴很大，只要是通过人工智能技术可以产生数据，广义上来说都可以称之为是AIGC技术。暂且不讨论AIGC在产业上的业务应用领域，从技术面向的问题需求类型角度，AIGC就存在不同的细分技术模式。面对不同细分模式，AIGC在底层的算法模型结构上，彼此有很大的差异。

AIGC技术的内容编辑类应用模式

以图像数据为例，通过AIGC技术对原始数据进行自动的内容变换，优化信息展示效果，已经是非常主流的技术处理手段。具体来看，AIGC可以把图像数据进行自动拼接、旋转、降噪、改变清晰度，或者加上各种特效进行渲染，获得满足应用需求的高质量图片文件。这方面应用在“美图秀秀”一类的泛娱乐图片编辑软件中已经具有了非常成熟的产品形态，同时，在专业的图片编辑和视频剪辑制作中也极大地提高了文创工作者的工作效率。另外，还有一种比较有趣的AIGC技术，可以把2D的图片进行“升维”变成3D的图片，丰富图像数据在深度、质感、光感等维度的信息内容。

AIGC还可以将来自不同数据素材的内容进行深度的融合。比如面向视频编辑中的换脸技术，可以实现把A的脸拼接到B的身体上，形成特殊的影视特效。对于语音类数据的分析处理也是一样，AI变声软件可以将人的声音进行音色和音调的转变，美化声音，或者干脆把声音变得和某个明星的音色完全一样，达到各种有趣的娱乐效果。

对于面向内容编辑的AIGC，相对来说，底层技术的实现路径比较直观。AI技术生成的内容不是完全凭空的，而是有明显的内容依据的。AI算法基于原始的数据进行适当的调整和修改，生成新的数据内容。原始数据对于所生成数据具有非常强的信息“指导”，这方面的AIGC技术不是典型的从0到1的内容生成，而是面向局部内容的生成或转化。这类技术可以代替人实现对信息的定向加工和处理，获得更好的内容表达效果，提供专业的“修复”“美化”“特效”能力。

比内容编辑类应用模式稍微复杂一些的AIGC技术主要解决数据模态转化类需求

这类技术主要是为了实现数据在形式上的转化。在AI技术中，所谓的“模态”实际就是数据的基本表现形式，文本、图片、音频，这些都属于不同的数据模态。基于深度学习算法模型强大的信息感知能力，可以很好地解决将数据从一种模态转化为另一种模态的映射需求。

AIGC面向数据模态之间的转化包括两种主要的情形：

一种情况是智能转译，把不同格式的数据进行直接的对应转换。典型的有技术应用场景音频和文本之间的信息互转，指定的文本内容进行AI语音合成，或者通过视频中的音轨文件自动生成字幕。

另一种情况是通过语义对齐，自动理解某一种模态数据的语义内涵，然后进行“即兴创作”。从数据的本质上看，真正有价值的是数据背后的信息，或者说是数据的语义内涵。而数据的直接表现形式只是我们观察到的外在的“相”。对于不同模态的数据，在信息层面具有一致性，如果能找到这种一致性的对应关系，那么就可以完成数据内容跨模态的任意形式变化。

“以文生图”就是典型的具有“创作”特点的数据跨模态转化应用，只要给定一段文字描述，机器就可以根据这段文字背后的语义关系，自动地创作出一幅有趣的图来。反过来，AIGC技术也可以通过图片或视频格式的数据动态产生文字描述或解释，达到自动内容“解说”的效果。

关于AIGC最复杂的一种表现形式，是问答类的技术应用模式

在问答类的应用中，模型的输入和输出之间的对应关系是非常综合而微妙的，问答数据对之间存在的是一种特殊的相关关系，而非简单的编辑转化关系或者模态转化的关系。现在异常流行的ChatGPT，其实就是典型的问答类应用的技术产品。

面向问答类的AIGC，算法模型所输出的数据内容，并不能简单地从一种直观的映射关系直推产生，模型生成的内容变得更加不可控。为了获得更好的数据质量，面向问答应用的AIGC通常依赖于强大的知识库，知识库中的海量数据积累，都将是AIGC模型生成内容的素材来源。除此以外，AIGC产生的输出内容和知识库中数据本身的信息质量也存在密切的相关性。

值得一提的是，这类AIGC技术很像是一个功能强大的搜索引擎，这个搜索引擎和传统搜索引擎的区别在于，不是简单地通过关键词来匹配答案，而是把所有相关的素材进行深度融合与二次加工，得到综合的信息处理结果再反馈给用户，整个AI算法过程表现得更加善解人意。

而上面提到的AIGC应用模式，几乎都是针对给定输入条件，得到相应的AIGC内容输出。还有不少AIGC应用本身并不太依赖于用户对模型的输入条件，AI算法模型可以在无条件约束的情况下进行自由创作。这类无约束的自由AIGC应用，实际上也有广泛的应用场景，尤其是在游戏、平台或视频中，随机生成一些场景化素材时，极大地提高了艺术创作者的工作效率。

• AIGC技术的底层基本原理

最经典的AIGC技术是基于模板的方法，这种方法在文本内容生成上应用非常广泛。通过从数据库里把相关的信息抽取出来，然后在关键的位置和提前设置好的语言模板相结合，就可以得到看似“智能”的文本内容结果。

然而，基于模板的AIGC技术产生的文本在表现形式上非常死板，难以涵盖所有的业务场景，而且通常要依赖于人工构建大量的模板，技术实现成本非常高昂。于是，数据科学家把目光移向了通过“深度学习”技术自动产生内容的研究路线上来。

基于深度学习的AI技术具有非常强的信息抽取能力，能够从数据中提取到有价值的信息，那么反过来，基于算法模型所理解到的信息，能否自动地合成数据呢？如果这个思路可以的话，就实现了“数据”到“信息”，再到“数据”的技术路线闭环。

从信息论的视角看，可以把“数据”向“信息”的转化过程当作“编码”（Encoder）过程，而把“信息”向“数据”的转化过程当作“解码”（Decoder）过程。

在AIGC技术框架中，可以基于对噪声信息的“解码”随机产生数据内容，也可以先把某一种模态的数据内容“编码”为具有业务需求指向性的信息，再基于这个信息“解码”得到对应的另一种模态的数字内容。可以参考图2–8的理解基于“编码”和“解码”自动产生数字内容的AIGC逻辑框架。

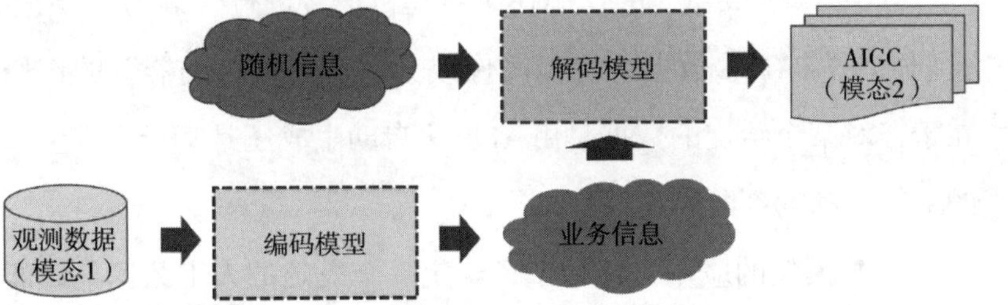

图2–8　基于深度学习的AIGC技术框架

- 基于GAN的AIGC技术

GAN（Generative Adversarial Networks）是近些年一种主流的无监督的AIGC技术模型，该模型的中文名称是生成对抗网络。GAN在2014年由Goodfellow等人提出，被认为是当时最具前景，最具有应用活跃度的AIGC模型之一。GAN可以从一个看似毫无意义的随机噪声不断地演化，逐渐“解码”出具有自然业务含义的“合成数据”，这些被合成出来的数据可以做到真假难辨的感官效果。2018年，GAN的思想被《麻省理工科技评论》评选为2018年“全球十大突破性技术”。

GAN本质上是一种基于“左右互搏”的AI内容生成技术，由两个子模型组成，分别是“生成器”（Generator）和“判别器”（Discriminator）。无论是“生成器”还是“判别器”，本质上均可以采用深度学习模型，与一般的对图像或文本进行内容分析的深度学习模型没有特别的差异。二者在GAN中的命名区分主要是为了突出功能角色上的特点。

其中，“生成器”的作用在于对随机信号进行“解码”，产生我们需要的AIGC数据，比如图像或文字；而“判别器”的作用在于，对某个给定的数据是由AI算法自动生成还是基于人工生成的进行自动的判断分类。

GAN模型的应用目标在于，给定一个既定的人工数据集，能够参考这个数据集自动地、批量生成样式或风格类似的一系列数据。比如，给GAN模型观察一系列人脸的照片数据，然后GAN就会自主地学会如何绘画人脸，通过GAN自动生成的人脸照片仿佛现实世界中真实存在一般。

那么，机器这种优秀的“模仿学习”能力是如何获得的呢？

对于深度学习模型来说，最终应用功能的有效性会体现在模型的参数取值上。当模型的变量个数和模型的结构确定之后，接下来就是要让模型中的关键参数与用来学习的数据集合保持一致。在特定的参数组合下，模型在给定数据集合上的表现会非常“靠谱”。

回到GAN的例子，我们需要为“生成器”和“判别器”分别找到这样“合适”的模型参数，让彼此的功能达到一种均衡。在这个均衡条件下，两个模型的应用效果均达到最优，从而整个GAN模型也实现了“模仿”的目的。图2-9展示了在图像生成的技术应用中，GAN的基本工作原理。

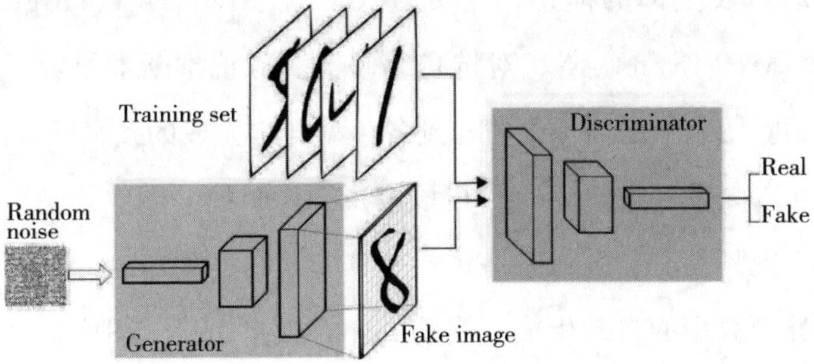

图2-9　基于GAN的图像生成技术模型

在GAN模型的深度学习训练过程中，“生成器”和“判别器”的功能都会逐渐进化，变得越来越强大。一方面，“判别器”可以和传统的分类器模型一样，具备越来越精准的目标分类能力，例如可以把现实客观存在的照片和机器合成的照片准确区分出来；另一方面，“生成器”产生的数据质量也会变得越来越“以假乱真”，通过GAN的“生成器”部分自动生成的照片让“分类器”很难做到有效的分辨。

当这个均衡条件达到后，“生成器”产生的“虚假”数据的概率分布和数据集中“真实”数据的概率分布近乎一致。也正是基于这种原因，任意给定“生成器”一个随机信号，通过一系列的数据加工变换，都会生成一个符合现实世界样貌规律的数据记录。GAN的学习，本质上就是在观察真实的数据集，然后模仿真实的数据集进行AI内容合成。

GAN最早主要用于图片生成的技术应用场景，后来随着相关拓展以及变体的模型，比如DCGAN、StyleGAN、BigGAN、StackGAN、CycleGAN、对抗自编码器、对抗推断学习等不断出现，其应用领域已经逐渐覆盖到各类型样本生成的技术任务中。

面向图像和视频，GAN可以解决图像转换、图像分割、图像修复、视频预测、图像风格转换等典型问题，此外，GAN还支持文本类型数据的自动生成。当前，仍有很多主打“图像处理”的AI厂商都在广泛采用GAN模型进行图片和影视编辑方面的技术创新。

- **基于VAE和流模型的AIGC技术**

除了GAN以外，基于变分自编码器（Variational Auto Encoders，VAE）的方式也是一种主流的AI内容生成技术架构，早前公布的DALL-E模型就是基于VAE设计实现的。VAE是前面提到的自编码器的一种变体，由“编码器”和“解码器”两个部分组成。其中，“编码器”负责进行数据压缩，“解码器”负责数据重构。AIGC的生成能力，主要是关注VAE中“解码器”部分的能力。

为什么在AIGC中使用VAE，而不是传统的AE模型呢？

这里主要原因在于，传统的AE模型几乎没有什么内容“泛化”能力，模型中原始的输入数据是什么，基于算法重构后输出的数据就是什么。换句话说，单纯的AE模型只是在重复一个图片，而不能产生新的图片，而我们真正的目的是让AI模型创造出“新”内容。

与传统的AE模型不同，VAE借助了贝叶斯流派的思想。VAE不是对某个具体的数据点进行重构，而把目光锁定到产生这个数据点的背后随机概率分布，比如某个高维的正态分布，接下来寻找该统计分布的模型参数。然后，基于对这个概率分布进行模型隐变量的重新采样，通过采样到的隐变量，再进行对数据内容的重构。

对于VAE来说，模型产生的最终结果是基于新的隐变量的随机生成样本。通过这种方式生成的数据，做到了基于原数据的“语义漂移”效果。新的隐变量就是模型自主创建的相关语义，可以获得在风格上接近但是语义内涵上又完全不同的合成内容（见图2–10）。

流模型（Flow–based Generative Model）的原理和VAE很接近，都是基于“解码重构”的思想进行AI数据的自动合成。它们之间最关键的区别在于，VAE通过引入隐变量的技术概念，有效地简化了进行数据生成的算法模型，而流模型则是直接对生成模型的变量参数进行建模。

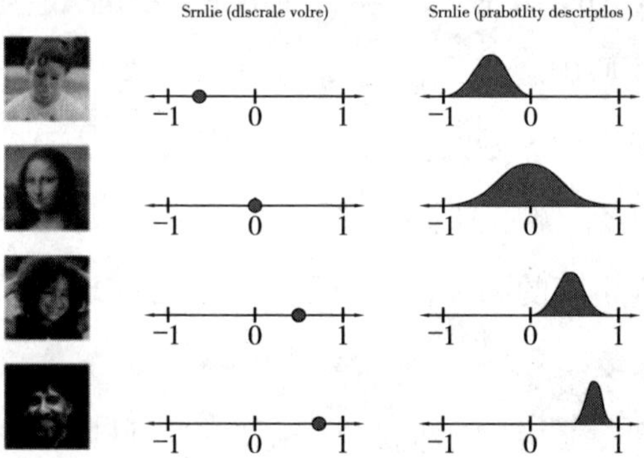

图2–10　基于VAE的图像生成技术模型

流模型可以显式地学习到生成数据的统计分布，通过对输入变量的一系列简单的转化，一步步地把最初数据的表现形式变得复杂，直到生成符合客观呈现规律的合成数据。在实际应用中，经常会用到标准化流对模型输入变量的转化关系进行建模。在流模型中，需要选择合适的映射函数，为了便于模型的训练和计算，映射函数需要满足可逆条件，并且其雅可比矩阵是三角矩阵的结构。

除此以外，当标准化流中的映射函数定义为自回归模型时，模型中各阶段变量维度一直保持不变，此时流模型也称为自回归流，这类模型在图像等类型数据的生成任务中具有很广泛的应用。基于流模型的主要技术框架如图2–11所示。

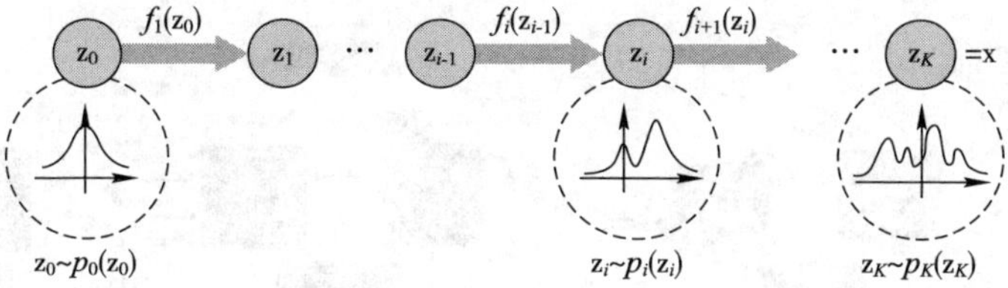

图2–11　基于流模型的AIGC数据生成技术框架

• 基于Diffusion的AIGC技术

Diffusion是2022年新推出的一种优秀的AI数据生成技术模型，该模型一经出现就在业界引起了非常大的轰动，助力AIGC技术的发展更上了一层台阶。Diffusion模型可以说是图像生成领域近年出现的“颠覆性”方法，在图像生成效果和稳定性方面都具有十分强劲的技术表现优势，其风头已超过当年的GAN。

Diffusion是一种扩散生成模型，在图像生成的任务中，Diffusion通过图片“去噪”的过程来达到逐步产生图像数据的实际应用效果（见图2–12）。也正是基于这种特殊的图像产生方式，Diffusion往往可以生成清晰度更高的图像数据。在基于Diffusion的AIGC技术模型中，定义了正向扩散和逆向扩散两个过程：

对于正向扩散过程来说，从真实的图像数据开始，基于特定的条件概率分布，不断向其中添加高斯噪声样本数据，向图像数据中引入“混乱”元素。通过多个时间周期变化后，最初的图像数据逐渐演变成纯高斯的噪声数据，并且最终的噪声数据与初始的图像数据是同维度的。

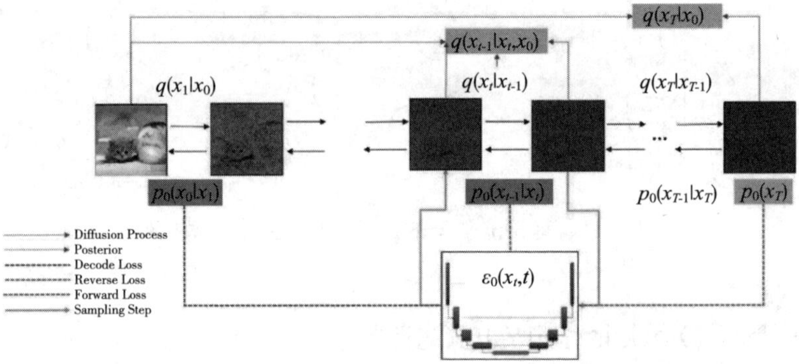

图2-12　基于Diffusion扩散模型的图像数据生成技术

逆向扩散是该“加噪”过程的反方向数据变化，当基于数据集训练得到有效的Diffusion扩散模型后，通过逆向扩散过程可以把某个随机噪声数据迭代“恢复”出有意义的图像内容。

和GAN相比，Diffusion在性能上具有不少优点。首先，是产生图像的清晰度更高，产生内容更加符合人们的审美要求。其次，Diffusion生成的数据内容多样性更加丰富，可以生成拥有全景、局部特写，以及不同角度的图像数据。对于GAN的图像生成技术，通常只是对现有图像数据集的无线逼近模仿，而Diffusion则突破了原本的简单“模仿”，使得AIGC技术具备了更强大的创造能力。

除了以上方面，Diffusion还允许通过引入条件信息来控制最终生成的内容，即用户可以通过“指令”要求机器产生特定的图像数据，这类技术也叫作Guided Diffusion。比如，可以要求产生特定主题类别的图像，或者用自然语言的方式来约束图像对应的语义场景。

OpenAI当前非常流行的AIGC模型DALL-E2就是一种Guided Diffusion的典型应用，可以实现非常精巧的“以文生图”效果。DALL-E2为了达到从文本到图像的跨模态数据内容转换效果，需要先将文本数据进行“编码”，压缩成语义矢量，再将其基于逆扩散过程进行“解码”，产生用户想要的图像数据。

为了让模型满足文本和图像的“语义对齐”效果，使产生的图像和文本信息在语义表示上一致，就需要在大量“配对”的文本和图像数据上进行联合的深度学习训练。DALL-E2在跨模态AIGC内容转换任务上，选择了文本图像预训练（Contrastive Language-Image Pre-Training，CLIP）模型进行语义的抽象表示。

CLIP本质上是一种面向多模态AI任务的预训练大模型，其产业化价值可类比于BERT模型对NLP领域的意义。CLIP可以分别对文本数据和图像数据进行语义编码，计算跨模态的文本数据和图像数据之间的相关性，从而对Diffusion模型生成的图像内容进行重要的语义监督指导（见图2-13）。

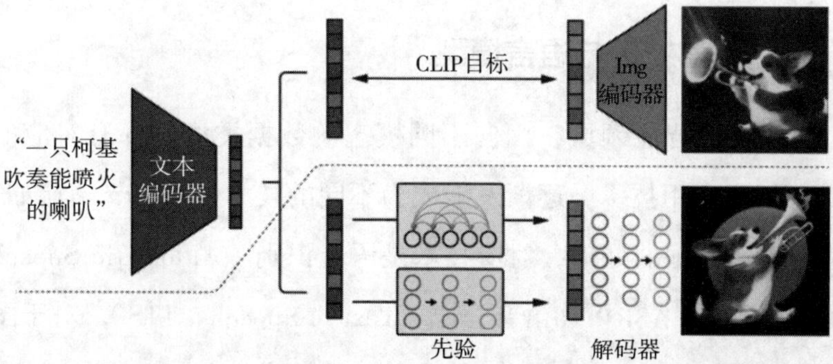

图2-13　CLIP+Diffusion的“以文生图”技术原理

Transformer：智能认知的新起点

前面我们介绍的AIGC技术更多是和图像类数据的自动生成相比较，更多是聚焦于AI算法对外部环境信息的感知能力。而更深层次的AIGC应用，还可以体现在人工智能技术的认知能力水平方面。人工智能技术对自然语言的分析和生成，很好地体现了机器强大的认知能力，是人类智慧被机器完美传承非常好的证明方式。

在AIGC技术中，机器对语言的生成，以及基于对语言的理解去生成其他模态的数据内容，其难度比“随机”地生成图像难很多。我们不仅要理解机器如何基于随机的“噪声”创造出看似符合人们审美规律以及客观自然规律的内容，还要理解，机器如何“有意识”地在特定的信息引导下产生符合应用需求的数据。就像前面介绍的DALL-E2一样，一边理解文本数据中的业务信息，一边创造出语义内涵一致的优秀图片作品。

• 自然语言处理与语言模型

在人工智能领域，面向不同模态的数据类型，都有对应的AI分析与应用技术，逐渐发展成为不同的技术领域分支。比如，对于语音数据的处理，对应技术是语音识别（Automatic Speech Recognition，ASR）和语音合成（Text to Speech，TTS），对于图像和视频数据的处理，对应技术是机器视觉（Computer Vision，

CV)，对于文本数据的处理，对应技术是自然语言处理（Natural Language Processing，NLP)。

其中，文本数据对信息的表达能力非常强大，对物理世界中的概念、实体、关系、假设、过程、活动、逻辑都有对应的丰富呈现形式。因此，AIGC技术与自然语言处理技术相结合，自动生成文本数据，或基于文本数据进行实施可控的内容创作过程，是AIGC技术领域不容忽视的应用形态。以智能聊天机器人的形式出现在公众视野的“技术新星”ChatGPT，就属于自然语言处理方向AIGC技术的“集大成者”。

当前，有很多面向文本的数据挖掘技术应用任务，比如关键词抽取、文本内容摘要、机器翻译、阅读理解、情感分析、信息检索、文本分类、文本聚类等。这些文本数据挖掘问题可以通过单纯的统计方法来解决，其中一种最常见的技术思路是把被分析的文本数据对象表示为词特征矢量（“词袋模型”）的形式，实现“数值化”的映射，使得非结构化的文本数据变得可量化、可计算、可分析。

除此以外还有一种技术思路，就是从数据对象的本质出发，探索文本数据是如何自动产生的，通过对信息的“溯源”来理解文本格式的数据，达到深层次分析的目的。在这种技术思路的引导下，数据开始关注一个非常重要的概念——语言模型（Language Model)。

语言模型是一种“动态”的理解文本数据的观察视角，可以更好地解释信息产生的底层逻辑。简单来说，语言模型可以看作是生成文本数据的模型。从概率的视角看，给定任意的文本数据序列，语言模型都可以计算出这个数据序列出现的概率。

不同的语言模型对文本数据的表示能力不同，在不同类型的语言类AI分析任务中，也各具独特的应用特点。通过精巧的语言模型，可以实现对文本类型数据的准确表示，抽象地表达文本背后蕴含的业务信息，更好地进行文本类型数据的深度比较和分析。同时，语言模型还可以很好地完成文本数据生成的任务。基于语言模型，我们可以实现AIGC技术中，从数据到信息，再从信息到数据的技术“环路”。

尽管从广义上来说，“词袋模型”也是一种经典的语言模型，但是“词袋模型”只解决了文本数据编码问题，并不解决文本数据理解的问题，也不能通过语言模型生成新的文本类型数据。相比于“词袋模型”，N-Gram是一种相对更加典型的语言模型，N-Gram是一种基于k阶马尔可夫链的内容生成模型，这个模型的技术原理很直接，通过预定义的条件概率分布，随机地生成一系列的词汇，完成文本的创作（见图2-14）。

比如，2-Gram是一种基于两个词汇之间条件概率分布的语言模型，该语言模型定义了两两词汇之间的条件概率。举个例子，语言模型规定了词汇“天气”后面接着“晴朗”的条件概率是30%，那么当AI算法模型“看”到了“天气”一词出现后，就会以30%的概率生成一个“晴朗”的词汇。当然，语言模型还可能规定了“晴朗”后面出现“舒适”的概率是50%，以此类推。通过类似于这种预定义的条件概率表，就能不断进行词语接龙，完成文本数据自动书写的AI任务。

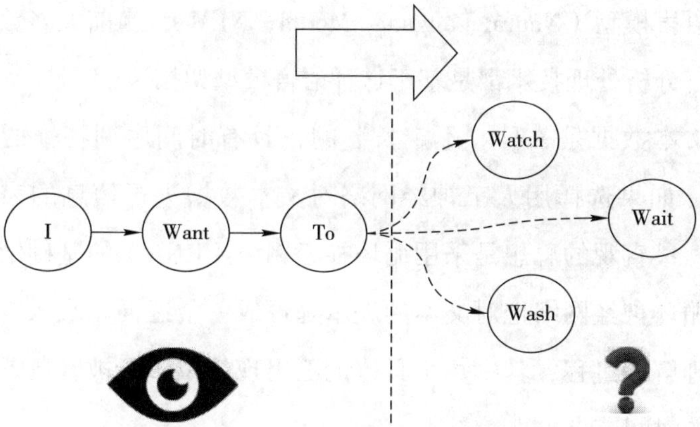

图2-14　基于N-Gram语言模型进行词汇预测

当然，用2-Gram模型来描述语言的生成活动，还是太“简陋”了，因此又有很多数据科学家提出更高阶的N-Gram模型，要求新的词汇产生结果是依赖于更多前文已经出现的词汇条件。随着N-Gram的“阶数”不断地增加，语言模型的参数规模会成指数级扩大，以至于达到完全不可计算估计的程度。除此以外，词汇之间的条件概率，并不能很好地解释文本是如何生成的。词汇的产生逻辑不是基于文本中的“词面”关系，而是基于词汇背后所阐述传达的语义层信息内容。

• 神经语言模型

考虑到传统语言模型的各种弊端，未来的语言模型开始朝着与深度学习技术融合的方向发展，目的是借助深度学习技术对信息进行深度提取和表示。基于深度学习技术的语言模型，也叫作神经语言模型（Neural Language Model，NLM），当前大多数的智能语言分析处理技术都是基于这种语言模型架构。

文本数据是一种“不定长”的，具有时间序列特征的数据类型。如果选择用人工神经网络对文本数据进行信息的表示和建模，最直观的思想是采用循环神经网络（RNN）的基础网络架构。循环神经网络把对文本的表示处理成一个逐词“吃入”进行阅读理解的过程，其中每个具体词汇出现的位置，被看成是一个特定的时间节点。

RNN的基本优点在于，无论被分析的文本数据条目有多长，都可以进行建模，以固定宽度的数值矢量对文本进行表示。基于RNN的文本信息表示效果如图2-15所示：

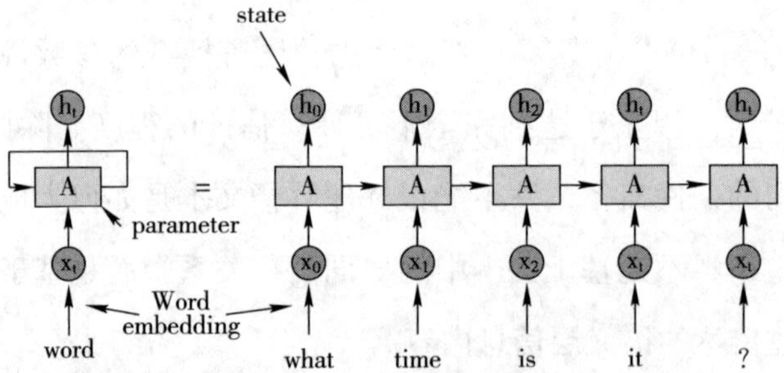

图2-15　基于RNN进行文本序列数据的信息表示

图中我们看到，首先还是需要像“词袋模型”一样，把句子进行词汇特征的分割，然后把每个词汇进行矢量化表示。之后，按照“时间”顺序把词矢量逐个输入RNN的循环结构A中，在每个阶段，A输出的矢量都不断融合新的词汇特征信息，发生累积信息的持续变化。通过这个过程，神经网络模型实现对文本数据的建模和语义理解。

在RNN中，可以通过对图2-15中循环结构A进行精巧的设计和拓展，来提升语言模型的信息表达能力。其中，LSTM（长短期记忆网络）和GRUs（门控循环单元）是循环结构A常选择的两种经典的模型结构，有效克服了传统RNN模型在参数“梯度爆炸”方面的固有技术缺陷，从而在自然语言处理任务中的应用十分广泛。

在使用深度学习模型对文本数据进行具体的AI技术应用时，一般来说，都可以先采用上述的RNN模型架构进行文本表示，然后再和下游场景端的业务数据进行融合与对齐，完成更加具体的分类或预测任务，比如对新闻数据的主题分类、对平台在线评论的商品购买预测、对不同语言文本的自动翻译等。

- **从语言模型到文本“创作”**

在AI领域，通过RNN模型可以解决文本数据表示的问题，理解文本数据背后的语义信息。除此以外，我们还关注AIGC场景下，文本数据是如何生成的。与图像数据类似，文本数据的自动生成技术也包括两种基本情况：

一是完全随机地生成文本，二是基于给定的输入条件生成文本。后者在基本原理上，也是基于前者的逻辑强化实现的。无论是哪种情况，文本数据的生成都需要从一个语义表示的信号开始，不断计算在已经生成的上下文语义信息条件下，下一个词汇生成的概率分布。唯一的区别就是，这个语义信息是基于给定约束条件的语义表示，还是基于某个随机信号的语义表示。

这个概率分布对应着整个词典中各个词汇被抽样选择出来的概率取值。如果我们选择的《汉语词典》的词汇规模是10万，那么我们就要知道，接下来面对这10万个词汇的随机抽样概率是怎样的。

在2017年以前，对基于神经语言模型产生文本的任务，很多采用的是传统的Seq-to-Seq神经网络技术架构。该模型输入的是一个序列，输出的内容也是一个序列，是从文本到文本的AIGC技术（见图2-16）。这里非常典型的应用是机器翻译的场景，可以通过神经网络把一种语言的数据序列自动转化为另外一种语言的数据序列。此外，这种模型架构还可以用在人机对话、问答系统等以智能交互为基本表现形式的技术应用中。

Seq-to-Seq先通过RNN把输入文本压缩成一个语义矢量，然后基于这个语义矢量的信号“指导”，不断通过语言模型产生逐个实例化的词汇单元。图2-17是一个面向机器翻译问题的Seq-to-Seq模型。

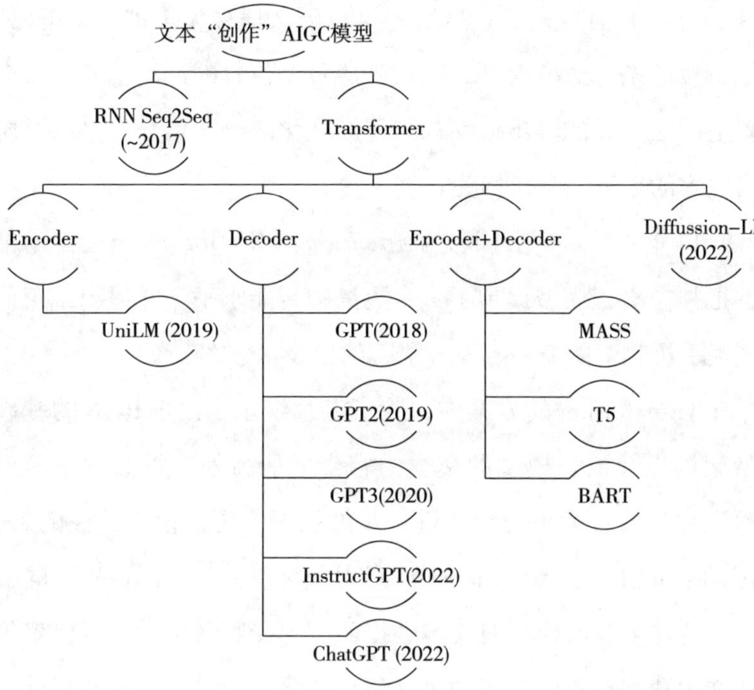

图2-16　面向文本“创作”的AIGC主要技术模型

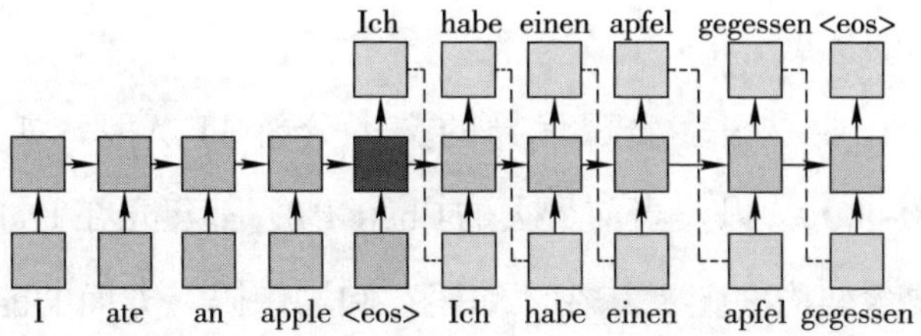

图2-17　基于Seq-to-Seq架构的机器翻译技术实现

具体来看，该模型首先对输入的语言数据进行“编码”，利用RNN的循环结构，每次读入一个词汇单元，不断更新循环单元中的变量特征，逐步提取出文本数据中的深层语义信息，将其压缩表示为语义信号矢量。然后，再对语义信号矢量进行“解码”操作，按照条件概率模型，依次生成各个位置的词汇单元，每个位置上词汇单元的输出概率都与不断变化的语义信号矢量以及所输出内容的上下文密切相关。

2017年，Google一篇名为*Attention is All You Need*的学术论文，把神经语言模型提到了一个更高的智能水平，并提出了工业界“炙手可热”的Transformer语言建模技术方案。

在Transformer的方案中，除了继续继承了之前RNN的基础模型架构以及语言模型的文本内容生成能力外，神经网络模型的深度和参数规模也得到了进一步的拓展。更加值得关注的是，Transformer引入了Attention（注意力）机制。Attention机制的引入，使得深度学习模型对文本数据的“感受野”更大，可以聚焦理解文本数据在不同位置的语义信息，同时具有更强的并行计算能力。可以说，Transformer融合了RNN和CNN两种典型深度学习模型架构的优点。

当前，业界很多表现优异的文本分析AI模型，如BERT、GPT（1.0~3.0），以及当前最火的ChatGPT，都建立在Transformer的基础技术架构之上，其在“编码”和“解码”方面的能力都达到了SOTA的水平。除此以外，Transformer还开始跨界“秀肌肉”，被广泛应用到了图像领域，相关模型如ViT，BEiT以及MAE，在不少经典任务中也都击败了图像领域中的最优模型CNN。

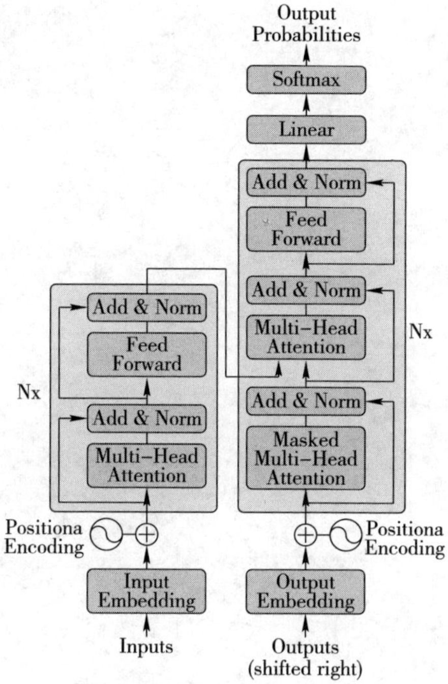

图2-18　基于Transformer的文本表示模型结构

第三章

大模型时代：通向强人工智能之路

传统的人工智能技术只能解决垂直细分领域的问题，然而这并不是人们对人工智能的全部期待。人们希望人工智能技术能够变得无所不能，能够像真正的人类一样，变得更有思想、更加善解人意，能够对所有问题对答如流。基于预训练机制的大模型，参数规模庞大，模型结构复杂，在海量数据资源的训练和学习基础之上，获得了强大的任务泛化能力。预训练大模型可以看作是一种通用AI的技术底座，为产业下游的具体应用定向赋能。随着预训练大模型与AIGC相结合，AIGC上升到了一个新的发展高度，也进一步催生了ChatGPT这样优秀杰出的技术成果。

通用人工智能：理想与现实

当前“火爆”的ChatGPT不仅仅是一种有趣的AIGC应用，满足了人们和机器“随意”聊天的兴趣，更是激发了人们对人工智能的大胆畅想。ChatGPT这个技术产品之所以令人惊叹，在于其几乎可以回答人们提出的任意问题，对人们能够想到的任何千奇百怪的“要求”做出机智的回应。不仅如此，ChatGPT反馈的答案具有非常强的自然语言流畅程度，让人们感觉到仿佛是在和真人进行对话。

正是这种功能上的泛化性以及生成内容上的真实性，带给人们来自AI技术的震撼冲击。人们通过ChatGPT感受到，AI技术的发展相比过去十几年，突然更上了一层楼，从“人工智障”慢慢变成真正的“人工智能”。人们开始寻找未来AI技术的发展方向，从传统的“弱人工智能”逐渐过渡到“强人工智能”的研究领域。

那么，什么是强人工智能呢？我们现在使用的人工智能技术，算是强人工智能吗？

从定义上来看，强人工智能有很多优秀的特性，包括自我意识、知觉、强大的认知推理能力、具有独立解决复杂问题的能力，甚至具有自己的价值观和世界观体系。在强人工智能的设想下，机器几乎可以达到人的认知能力水平，真正做到为人类分忧。

强人工智能技术有一个非常重要的技术特性，就是对应用任务的泛化能力。对于传统的人工智能算法模型来说，一种模型只能解决一类问题，而真正的智能，是不应该局限于某一特定任务的，而应该是“无所不能”的。尽管不一定每件事都做到最好，但是至少不能“挑三拣四”，有的事情能做，有的事情做不了。如果AI只能做某一件事，那么最多只能算是机器，而不能称为机器人。

具备任务泛化能力的AI技术，我们称之为“通用人工智能”（Artificial General Intelligence，AGI）。构建通用人工智能技术模型，是当下数据科学领域的重要理论研究和技术产品创新的热点方向。当前，人工智能技术的发展和强人工智能还有不小的差距，但是关于通用人工智能的研究，正在不断缩短这一差距。

尽管早在2016年，AlphaGo在围棋领域已经让人类心服口服，但是这并不能代表，机器已经事实上超越了人类。要达到强人工智能的技术水平，数据科学家们还有很长的路要走，需要突破很多核心的技术痛点。在AIGC技术的发展历程中，人们通过“大模型”技术在一定程度上解决了任务泛化性的问题，并基于ChatGPT这样优秀的产品让人们看到了强AI时代到来的曙光。

• 人工智能的三大技术流派

纵观人工智能技术的发展历程，自从1956年达特茅斯会议上人工智能这个概念被提出之后，已经诞生了非常丰富的人工智能技术成果。这些技术试图通过不同的方式来让机器获得人的“智慧”，使其变得更加聪明，更加像人。

从技术实现原理上来看，这些人工智能技术大致可以划分为三大流派，分别是符号主义流派、行为主义流派，以及连接主义流派。

基于符号主义流派的人工智能技术出现得比较早，这类技术的发展基础来自逻辑学

人们通过把人对事物的认知逻辑进行符号化、编码化，让机器自动完成不同类型的推理分析任务。符号主义流派非常关注对知识的表示，希望通过符号的形式把人认知世界、进行生产生活实践的经验和方法固化和存储下来，便于机器进行读取和调用，用于解决实际的业务问题。

专家系统（Expert System，ES）是符号主义流派中很具有代表性的一类应用，至今在工业设备控制、医疗诊断，以及金融等行业具有非常广泛的应用（见图3-1）。专家系统的优势是逻辑清晰、易理解、便于维护，而其缺点也很明显，主要是任务决策能力的局限性。专家系统是一种依赖于知识规则进行自动诊断、自动控制的应用系统。这些知识规则都是由人工进行录入和更新的，因此专家系统的水平极大地受限于人类专家水平和人力成本的投入。

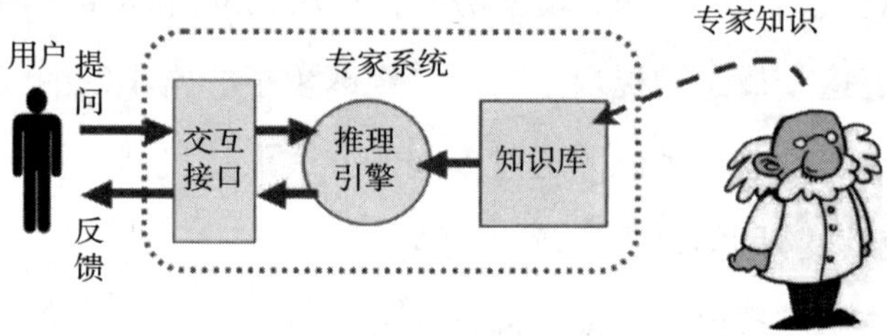

图3-1　基于符号主义的专家系统

早期的专家系统对知识规则的覆盖度不足，难以支持长尾以及特殊的业务需求场景，同时，这些专家系统也无法兼顾更多的应用，只能解决某个细分领域的问题。简单来讲，基于专家系统的AI技术在泛化能力上是很弱的，这也由此导致其在近几十年间发展得十分缓慢。

这几年，随着大规模知识图谱研究的兴起，符号主义学派的AI技术迎来了新一波的发展契机。通过开源渠道以及海量知识库构建的大规模知识图谱，覆盖了更加丰富的知识资源，可以更好地支撑面向不同场景的智能化应用。在知识图谱上，构建概念和实体关系网络，运用不同的“图计算”和图表示学习技术，完成特定的智能推理任务。

基于行为主义流派的人工智能技术以控制论的理论为基础，主要探索机器在外部行为上如何表现得更加智能化

行为主义学派的方法“跳过”了机器的底层认知环节，把注意力放在机器和外部环境的动态交互决策上。智能控制、自适应、进化计算是行为主义流派AI技术的核心理论。

相比于比较经典的符号主义流派，行为主义是20世纪末才以人工智能新学派的面孔出现的，该学派的代表作是布鲁克斯的六足行走机器人，这是一个新一代的“控制论动物”，本质上，它是基于“感知—动作”模式模拟昆虫行为的控制系统（见图3–2）。除此以外，行为主义著名的研究成果还有波士顿动力机器人和波士顿“大狗”，其智慧能力不是来自“大脑”中枢指挥，而是来自机器四肢与环境自下而上的动态交互。

图3–2　基于行为主义的六足机器人

现在很多和硬件结合的智能机器人形态的AI产品，都延续了行为主义流派的底层技术思路，比如工业制造机器人、物流机器人、无人驾驶汽车，以及很多家用机器人，包括扫地机器人、刷碗机器人，以及煮饭机器人等。这些智能机器人普遍采用了基于强化学习的AI算法，这也是当下除了深度学习以外，人工智能技术中非常流行的一个研究和创新方向。

强化学习算法的本质是一种基于“环境交互”的能力，在模型的设计中，需要设定一个奖励函数，通过这个奖励函数对每一次机器与环境的交互反馈进行评价。好的交互反馈会被不断强化，而负面的交互反馈也同样会被弱化。通过这种方式，机器就可以学习到对自身有利的行为，只要有好的外部激励引导，机器就会变得越来越符合人们对它的行为预期。

连接主义流派的灵感来自“仿生学”，目的是模拟人脑，基于人工神经网络模型的深度学习技术，就是连接主义的典型“代表作”

相比于符号主义和行为主义，连接主义流派几乎可以说是当下最“出风头”的AI技术流派。

从AlphaGo到GAN，从BERT到ChatGPT，深度学习技术不断刷新着人们对“智能”的认知和理解。在大数据时代，深度学习技术可以更好地利用数据规模的优势，能够把复杂的“推理”问题转化为“高强度”的计算问题。而随着“云计算”技术的改进和普及，关于算力不足的问题逐渐得到了根本意义上的解决。深度学习技术对智能产业发展的推动效果，也随之爆发出了更大的潜力。

在未来的一段时间内，伴随着ChatGPT带来的诸多产业机会，以连接主义为主导思想的AIGC技术仍然会是智能技术的重要发展方向。

当然，每种技术流派都有其先天的优势。比如，符号主义的优势在于具有强可解释性，数据分析过程更加可控，同时可以更好地直接继承和利用人们“宝贵”的业务经验；基于行为主义的AI技术具有更强的环境适应性，能够更加灵活地应对各种“棘手”的具体业务问题，同时更擅长解决多阶段的复杂决策问题；连接主义的优势则在于强大的信息表示能力和生成能力，更加适合海量数据环境的技术应用场景。

不同AI技术流派也在以相互融合的方式逐渐发展。例如，著名的AlphaGo和ChatGPT都同时用到了深度学习和强化学习的技术，即融合了连接主义和行为主义两种典型的AI实现技术思路。基于神经网络的大规模知识图谱推理分析，以及面向海量非结构化数据的知识抽取任务，则同时兼具了连接主义和符号主义的技术特征。

• 如何获得“通用”的AI技术

不管是从哪种AI流派出发，人们都是要达到一种通用人工智能的技术效果。近些年，随着深度学习技术热度的不断提高，以及基于神经网络的算法创新的“井喷”，很多前沿的“通用”AI

尝试都围绕着以数据驱动的技术策略展开。

在深度学习的算法模型中，模型本身的变量没有固定不变的业务含义，在不改变模型变量和模型结构的情况下，仅改变进行训练的数据集，得到不同的模型参数结果，就可以将深度学习技术模型适用于不同的具体任务中。这种技术特性使得深度学习的模型具有一个非常特殊的好处，就是模型本身是可以“复用”的。

深度学习模型获得“通用性”，本质就是充分利用算法模型的“复用”能力。模型复用的核心在于知识的复用，或者说在于知识的共享。现实中，解决任何问题都不是从0开始的，我们要让AI技术学会如何站在巨人的肩膀上解决问题。

利用算法模型的复用能力，人们首先想到了“迁移学习”（transfer learning）的技术方案。在迁移学习的技术设想下，可以把基于某个任务得到的技术模型，用另外一个任务的数据集中重新“训练”一遍，以供他用。

那么，到底应该怎么理解“迁移”这件事呢？

当通过数据训练得到一个模型时，根本的目的是获得模型的具体参数取值。恰当的参数取值，可以保证通过模型得到的输入和输出变量与数据集中的输入和输出变量是一致的。因此，当模型对应的实际应用任务发生变化时，就需要选择不同的数据集，而不同的数据集就会导致不同的模型参数选择结果。

基于数据集求解模型参数时，由于模型的结构非常复杂，很难直接进行求解。因此实际操作时，需要从某个“初始解”开始，通过一步一步迭代的方式搜索找到这个“最优解”。“最优解”的结果位置和两个因素非常相关，一个是参数的迭代搜索规则，另一个就是模型参数的“初始解”。一个好的“初始解”可以让模型更快地跑向“成功”的位置。毕竟，起跑线对最后成绩的影响是不容忽视的。

构建模型时，如果没有任何信息参考，那么一般来说参数的迭代都是基于一组随机数开始的；如果有外部有效的信息以供参考，从一组被特意选择的参数开始进行参数的迭代搜索，那么最终得到的模型结果也会更容易符合数据建模的需求。

通过迁移学习的方式进行数据建模时，第一步，先在一个“原”任务上进行建模，得到一组模型参数，获得一个初始的数据模型。第二步，从初始的数据模型开始，以这个“原”任务的数据模型参数为初始值，在另一个任务上“继续”进行参数训练，通过参数迭代更新的方式找到新任务的参数解。

为什么迁移学习这种方案是有效的？其答案很简单，即算法模型的参数取值本身是知识的一种呈现形式。如果“原”任务和新任务，彼此之间具有一定的业务逻辑关联，那么意味着两个任务之间在知识上是共享的。

迁移学习的策略，目的是在深度学习模型的构建过程中，尽可能地复用可以被共享的业务知识，提高机器对任务技能的学习效率。换句话说，就是要让机器具备一定的“举一反三”的学习能力。而这种“举一反三”能力，在日常生活中有很多有趣的例子，比如，精通围棋的人可能在象棋的学习上比一般人会学得更快；英语比较好的学生，可能西班牙语的学习效率也高过普通学生。

除了迁移学习外，还有一种比较独特的学习策略，可以让机器掌握具有通用性的业务知识，这种学习策略叫作“元学习”。在数据科学领域，和“元”相关的技术概念非常之多，比如元学习、元数据、元知识、元宇宙……

所谓元学习，就是让机器掌握学习某一类问题的通用方法，通过元学习方法可以把上面提到的这种领域通用的知识直接“提炼”出来。在元学习过程中，同时对多个任务的多个数据集进行联合建模，构建出可以用于能力共享的通用技术模型。

当然，不管是迁移学习还是元学习，目的都是为数据建模技术找到一个“通用”的技术底座基础。在这个技术底座，或者说在具有参数赋值基础的模型之上，只需要依赖非常少量的新数据，就可以让模型学习到对应的AI应用能力（见图3-3）。

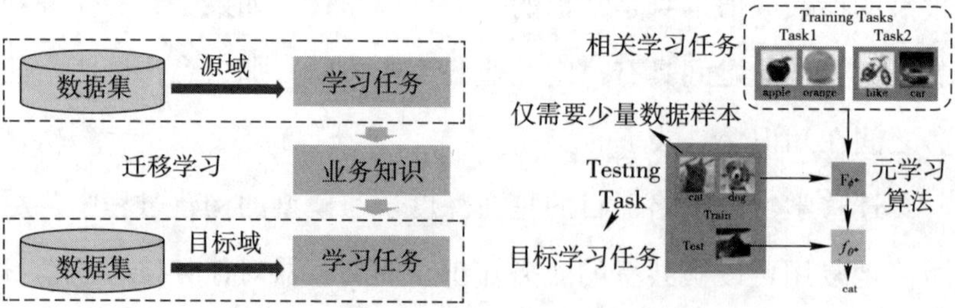

图3-3　面向通用AI的迁移学习（左）vs元学习（右）

未来，我们希望人工智能技术具备通用性，因此我们就希望能够极大地提高机器寻找共性知识的能力。在大数据时代，我们不再遵循传统机器学习模式，分别针对每个任务独立进行建模的工作思路，那样的做法的确太低效了。我们希望能够找到一种相对“一劳永逸”的方法，构建一个更加通用的基础模型，更大程度、更大比例地“汲取”社会活动中的通用知识，把算法模型的学习活动尽量“前置”。

在这种技术架构的设想下，每当机器遇到一个新的技术问题，不用再重新进行参数建模，只需要在通用模型的基础上稍微调整一下，就能获得很好的模型应用效果。这种技术架构的数据建模机制也叫作“预训练”（pre-trained）机制。所谓预训练，其实就是数据建模中的初始模型预先被训练过，建模过程不是一个从零开始的工作，而是一个有算法参数基础的二次加工的技术活动。

在这种机制下，数据建模的工作分为两个步骤：①引用通用的算法模型；②在通用算法模型上进行参数微调（fine-tuning），进行增量的模型学习。

在“预训练”机制中，被应用的通用算法模型通常为深度学习技术模型，其结构复杂、参数规模庞大，因此业界一般称之为大模型或预训练大模型。预训练大模型不仅提高了数据建模任务的效率，同时也让更多人工智能应用具有更加强大的综合性能。

预训练大模型是AIGC技术的主角，可以独立应用支持日常的内容理解和智能交互，也可以融合补充数据资源，在垂直领域的业务问题上达到SOTA[1]的效果。ChatGPT的风靡和AIGC产业的繁荣，再次证实了大模型在产业落地方面有不可估量的技术前景，这也是未来AI技术研究和创新应用的主流发展方向。

预训练大模型：技术探秘

随着预训练大模型的广泛普及和应用，AI技术的发展突破了“泛化性”方面的瓶颈。人工智能从小模型、单任务的形态特征，朝着大模型、多任务的特征方向进行演化。在实际产业应用中，一些头部的IT企业，比如Google、OpenAI、DeepMind、英伟达，基于他们自身对海量数据的快速获取能力以及超大的底层计算能力，率先构建出了一批面向不同数据类型的AIGC预训练大模型（见表3–1）。

表3–1　国内外主流的预训练AIGC大模型

公司	预训练模型	应用	参数规模	领域
谷歌	BERT	语言理解与生成	4810亿	NLP
	LaMDA	对话系统	—	NLP
	PaLM	语言理解与生成、推理、代码生成	5400亿	NLP
	Imagen	语言理解与图像生成	100亿	多模态
	Parti	语言理解与图像生成	200亿	多模态

① SOTA实际上是State of the arts的缩写，SOTA result指的是在该项研究任务中，目前最好的模型的结果/性能/表现。

续表

公司	预训练模型	应用	参数规模	领域
微软	Florence	视觉识别	6.4亿	CV
	Turing-NLG	语言理解与生成	170亿	NLP
Facebook	0PT-175B	语言模型	1750亿	NLP
	M2M-100	100种语言互译	150亿	NLP
DeepMind	Galo	多面手的智能体	12亿	多模态
	Gopher	语言理解与生成	2800亿	NLP
	AlphaCode	代码生成	414亿	NLP
OpenAl	GPT3	语言理解与生成、推理	1750亿	NLP
	CLIP&DALL-E	图像生成、跨模态检索	120亿	多模态
	Cadex	代码生成	120亿	NLP
	ChalGPT	语言理解与生成、推理	—	NLP
英伟达	Megatron-Tumning NLG	语言理解与生成、推理	5300亿	NLP
Stability AI	Stable Diffusion	语言理解与图像生成	—	多模态

资料来源：《AIGC发展趋势报告2023》。

这些预训练大模型主要是涉及自然语言理解、机器视觉，以及文本和图像之间跨模态交叉应用等领域，模型的参数规模十分庞大，从几亿到几千亿不等。在这些大模型的构建活动中，往往需要投入巨大的数据资源和算力资源，使得构建通用AI这件事本身成为一件有技术门槛的“奢侈”项目。可以看到，当前国际上参与到预训练大模型建设的企业主要是谷歌、微软、Facebook、OpenAI、英伟达等少数头部科技巨头企业。

但是尽管如此，很多大模型现在已经被“开源化”，比如UMLFit、BERT、GPT-2、ELMo等，这些开源大模型为产业端各界进行二次开发和本地化部署提供极大便利，支撑不同行业的AI细分场景化应用。头部企业大模型为B端企业进行赋能的业务模式，使得“预训练”加“业务定制”成为未来主流的AI技术实现方式。大多数的企业，尽管不具备“从头构建”大模型的技术基础，但是只要能够“用好”大模型就可以了。

那么，预训练大模型到底为下游的产业端应用提供了什么形式的技术支撑呢？预训练大模型本身到底学到了什么样的“通用”知识呢？

预训练大模型一般会学习到三类知识。一是信息抽取类知识，是指如何把特定类型的数据进行有效信息表示，本质上是个编码器（encoder）的模型结构；二是内容合成类知识，是指如何基于给定信息约束，以及特定的上下文信息进行内容自动生成，本质上是个解码器（decoder）的模型结构；三是数据交互类知识，是指如何根据某一类的数据输入自动转化为另一类的数据输出，本质上是个编码器加解码器（encoder-decoder）的复合结构。这三类结构都可以用于AIGC的技术模型设计中，区别仅在于是在预训练大模型基础上额外附加一个解码器的模块，还是复用预训练大模型自身的解码器模块。

未来，AI大模型将成为一种数字化基建项目，作为一种技术底座为不同企业提供基础AI能力，让更多的企业参与到数字产业的智慧变革中。对于行业方面的应用，企业只需要能够对现成的大模型进行调用，在大模型的基础上，结合自身业务场景的“专有数据”，进行模型参数的进一步优化和更新，而不必从头开始进行数据建模。通过模型参数的共享和继承复用，相当于应用端的企业也“间接”获得了前期用于训练大模型的海量数据资源所蕴含的宝贵知识。

这些基础的“大模型”，可以像水和电一样，成为企业运营的基础能力，随取随用。企业不需要知道这些大模型是怎么来的，也不必亲自下场去构建这些大模型，而只需要了解大模型的基本原理、特性，以及使用方式，熟悉如何更好地利用大模型的AI能力接口和服务，将其整合在自身的技术产品设计和数字化场景建设中。

• 预训练大模型的技术魅力

在以Transformer为代表的大模型出现之前，无论是用于分析还是用于生成的AI技术，并没有统一的算法模型架构。技术应用厂商在面对不同细分问题时，会非常灵活地进行深度学习的技术选型，无论是基础模型的类型，还是模型的参数结构和规模，都具有非常大的任意性。尽管深度学习技术本身对数据规模的依赖性比较强，早期的AI模型仍然属于小模型的建模思维，即“一事一议”地针对不同数据资源独立进行数据建模。

大模型的出现和流行，不仅在综合能力表现上使人叹为观止，更是给产业各领域AI技术的广泛应用带来了诸多实质性的益处。

大模型最大的优势是具有业务通用性

基于大模型的预训练机制，可以做到“一次开发，多场景应用”。这种技术建模方式极大地提高了AI技术的普惠能力。不仅数据资源可以复用，基于数据资源构建的模型资源也可以复用，这就意味着实现了广泛的知识共享和能力共享效果。通用人工智能是未来的技术发展趋势，通用性更强的技术成果同时也代表面向整个社会更高的“成本收益率”，这会极大地激发产业端对人工智能技术的研发投入，实现技术产业革命的良性循环。

其次，大模型充分发挥了“预训练”机制的架构优势，提高了业务前端技术建模的效率和效果。在现有的模型参数基础之上，进行“增量”的建模工作，相当于在综合商圈里面开门店，属于锦上添花。AI的“神秘面纱”将逐渐向社会各界揭开，而随着这次ChatGPT的风靡，其意义不仅是让大众用户认识和熟悉AI，更是需要降低应用AI技术的门槛，激励B端的广大企业利用大模型的技术优势进行业务智能化升级。

大模型促进了“低资源”数据建模场景的突破和发展

所谓低资源，是指在数据建模过程中，用来“训练”的数据集的质量不高或数据稀少的情况。在传统的机器学习和深度学习技术范式下，可供有效建模的数据资源是非常有限的。导致数据稀缺性的主要原因在于，很多业务场景的信息采集难度大，或者数据资源的人工标注成本很高。基于预训练大模型进行“二次开发”式的建模方法，可以降低AI研发对数据规模的依赖性。未来，少样本学习、零样本学习，将逐渐成为主流的机器学习方式。

在实际建模应用中，经常只需要非常少的数据样本，就能达到令人满意的数据建模结果，在一些特殊情况下，甚至不需要重新训练，这些优质的大模型就可以很好地兼容前端的业务场景。大模型的普及有效解决了“样本匮乏”的技术建模痛点，把模型对数据的依赖性前移，显著缓解了数据资源不足与业务智能化升级之间的根本矛盾，帮助了不少初级阶段的企业突破“无数据、无智能、无业务”的冷启动困境。

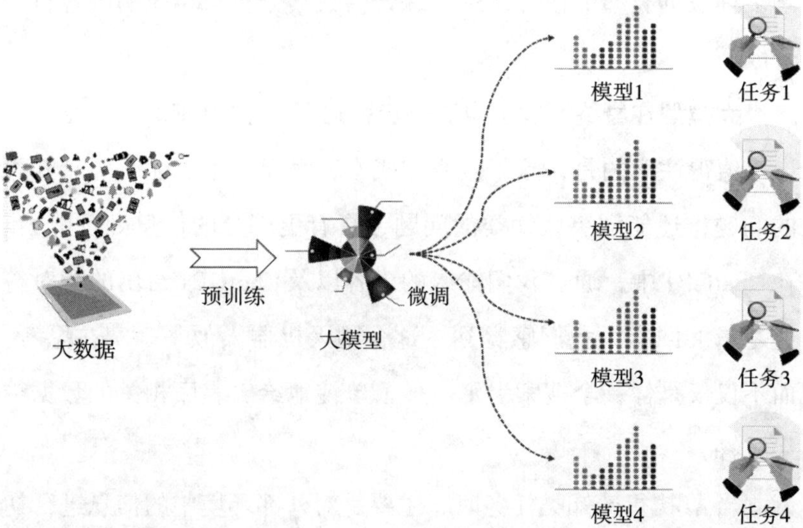

图3-4　基于“预训练+微调”的应用模型快速实现

大模型还促进了数据资源的多模态融合，极大地推动了跨业务、跨专题、跨层级的数字应用创新

结合深度学习模型的基本结构特性，可以把不同模态的数据压缩为抽象的信息表示，在信息层进行“语义对齐”，将不同模态的数据资源进行深度关联与整合，进行更高抽象层级的数据加工与分析。

当前，很多大模型都立足于解决或兼容和数据模态“映射”相关的问题场景，比如文本与图像、文本与视频、文本与代码、文本与音频、不同语言文本、2D图像与3D图像等各种差异化的数据资源的分析和转换。具有跨模态属性的大模型，可以把一种类型的数据“翻译”为另一种类型的数据输出，也可以同时理解多种数据类型的输入，进行综合的数据分析与相应的内容自动合成。

大模型在最终性能上也进一步强化了AI的基础能力水平

值得注意的是，除了效率和成本，大模型不仅能解决感知类的问题，还能解决认知类的问题，具有更综合的信息处理能力。在ChatGPT中，通过我们输入的内容以及ChatGPT给出的相对符合逻辑的回应，我们感觉到，这个聊天机器人似乎确实在思考，而不仅仅是像一个搜索引擎一样，单纯地给出表面相关的数据结果应答。

当AI执行感知类任务时，主要是对外部环境中的信息进行初步分析，比如对图像、视频中的对象进行识别和理解，而AI的认知类任务，更多体现在对自然语言处理相关的智能应用中，比如机器翻译、问答交互、广告推荐、搜索引擎、预测系统、情感计算、智能写作、智能客服、专家系统等。

在认知类任务中，机器不仅需要理解数字信号对应的表面信息，还要融合知识和经验，基于所见信息进行综合分析和推理，创造出新的业务结论。在人工智能的三大流派中，符号主义和连接主义都对认知类任务具有比较成熟的解决思路。

在符号主义流派中，当前最流行的代表性成果是知识图谱技术，通过在图数据中进行路径搜索或链接预测，就能达到人类的认知能力效果。在连接主义流派中，相媲美的代表性成果是深度学习技术，更加确切来说是基于预训练机制的大模型。只要给定深度学习算法模型的原始输入条件，通过复杂的参数计算就可以直接进行“端到端”的目标结果预测，在整个算法执行过程中可以完全忽略掉中间的复杂逻辑过程。

早期的深度学习技术大多数局限于感知类任务，比如采用CNN进行图像分类或基于RNN模型进行文本数据的情感分析。而在大模型的技术发展驱动下，随着模型的结构逐渐复杂，深度学习算法不仅可以学习到如何提取更深层的语义信息，还能学习如何对这些语义信息进行综合的加工处理，达到推理及预测的应用效果。

知识图谱是显性的认知计算，深度学习是隐性的认知计算。深度人工神经网络能够以非线性数值计算的方式间接地完成推理任务，表现出类人的“分析逻辑”，使得机器看起来更加智能，甚至呈现出一定的“智慧”。

从感知到认知，是一种技术能力涌现的现象。所谓涌现，是复杂系统中的一种关键概念，指的是某些初级功能或特效经过非线性叠加之后，可以产生更高层级的现象。涌现也可以理解为在复杂的互作用驱动下，事物的特征发展由量变产生了质变。这个规律对于深度学习算法模型来说同样适用。随着模型的复杂度不断提高，以及用于训练模型的数据规模不断增加，模型渐渐地从一般的感知能力中衍生出更高级的认知能力特性。

举例来说，在经过大规模的自然语言数据的训练后，ChatGPT可以做到对数学应用题的理解并提供相应的结果计算，或者通过人们对业务问题的描述自动生成一致的计算机程序代码，同时，在回答开放性问题时，也同样表现出了惊人的创新思维。ChatGPT提供的不仅是简单的内容搜索结果，而且仿佛真的在认真领悟提问者的意图，并通过严谨的思考、分析以及想象，给出综合的应答反馈。

- **如何构建优美的大模型**

尽管业界对大模型的关注早在2017年Transformer“红出圈”的时候就已开始，但是当前“圈内”真正的高级玩家却仍然不多。对于大模型的研究和实现，并非易事，这项工程具有非常高的技术门槛，对企业资源的要求非常苛刻。毫不夸张地说，构建一个可靠的AI大模型，相当于搭建一个高功率的发电站，属于基建类的庞大项目。

那么，完成大模型的构建任务，到底有哪些难点呢？

先来讲一下有关数据的问题。在任何技术建模的应用中，数据都是不容忽视的关键技术资源。在训练模型的参数时，需要有数据集的监督引导，让模型从任务相关的数据中观察到有效的业务规律，提炼核心知识，并以参数赋值的方式将这些知识沉淀。数据有多么重要？可以用工程师们经常调侃的一句话来形容，“garbage in，garbage out”，话外音是，如果用来训练模型的数据不靠谱，那么模型也就变得不可用。

在机器学习领域有一个很著名的概念，叫“过拟合”（overfitting），指的是数据模型的泛化能力不足，只能保证模型在有限的、可观察的数据集中表现不错，而没办法兼顾到未知的新问题、新场景。这就好比某个学生只是随便做了几道题，就上了考场，结果大多数的题目都完全没思路，成绩自然就不会理想。为了克服建模中的“过拟合”的问题，很直观的想法就是扩大数据集，让机器能够从更多数据资料中进行学习，变得“见多识广”。

越是复杂的任务，越是需要复杂的算法模型来支撑。对于参数规模庞大，模型结构复杂的深度学习大模型，相应地，必须要见识过更多的数据，才能学习到有效的模型参数。

当前产业应用所需的大模型，需要具备很强的通用性，在下游应用兼容任意场景，模型仅对数据的模态进行限制，而不对数据的主题进行限制。这种强通用性的AI模型，由于需要支撑多样化的需求，其所蕴含的知识体量需要非常庞大，因此一般来说，模型的最终“实力”也会随着其自身参数规模的增加而成正比提升。我们可以看到，2019年至2022年期间，前沿的AI模型体量增长趋势已经从最初的几十万的参数规模，逐渐增长到了数十亿的体量（见图3-5）。

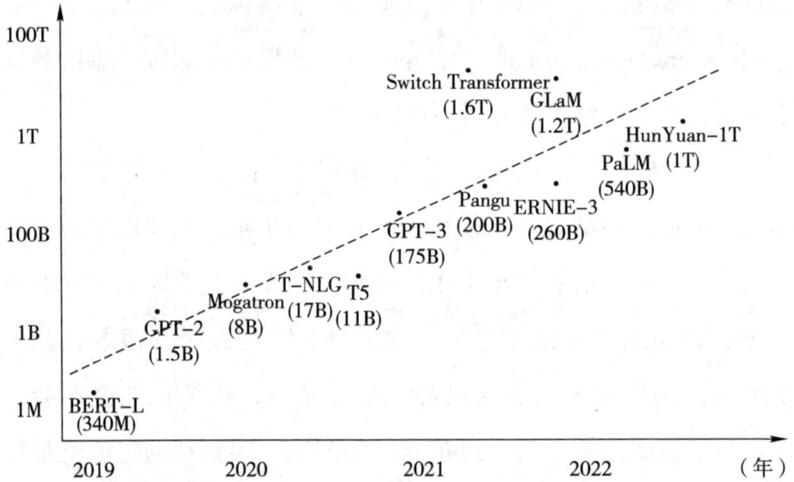

图3-5　主流AI大模型的参数规模增长趋势

以面向文本数据的ChatGPT模型为例，在数据建模过程中，通过网络爬虫技术从互联网上批量抓取海量的文本数据，同时也集成其他诸多领域的大规模公共数据集，并将所有这些文本数据资料都当作训练模型参数的输入数据。这些用于模型训练的数据内容覆盖面非常广，几乎涉及所有专业领域、所有业务问题场景，因此产生的模型相应地具有非常强大的任务泛化能力。

那么，应该如何获得支撑如此大体量模型训练的有效数据集呢？

人工标注这些数据显然是不可能的，我们需要一种自动化、规模化构建训练数据集的可靠技术手段。当下比较流行的做法是采用天然“自带标签”的数据集进行建模。这里说的“自带标签”并非指数据集是有标注的，而是强调可以通过对数据结构的分析，自动获得等价的标注信息。相应的数据建模技术也叫作自监督学习（self-supervised learning）。

自监督学习主要是利用“辅助任务”从大规模的无标注数据中构造有效的“数据对”，通过这些构造的“数据对”涵盖的监督信息对AI算法模型进行训练。每个“数据对”都对应着一个输入和一个输出，整个数据集就是由非常多这样的“数据对”组成的。自监督学习技术的关键在于如何利用数据本身的结构来定义数据对的产生规则。

简单来讲，自监督学习最直接的优势就是可以在无标签的数据上完成模型的训练。未来基于无标签数据的AI建模技术将变得越来越重要，这也是促进大规模数据资源挖掘，以及推动通用人工智能产业全面落地极具价值的技术方向。

自监督学习的主要技术路线分为三类，基于上下文（context based）的方法、基于时序（temporal based）的方法，以及基于对比（contrastive based）的方法。

基于上下文的自监督学习方法主要用于单一数据资源场景中预训练大模型的建模任务中，比如针对单纯的文本类型数据或图像类型数据的分析建模。该方法经常采用“掩码”策略来获得能够提供监督信息的数据对象。

例如，当构建自然语言的预训练大模型时，针对每条文本数据，都可以随机地把某个位置的词汇遮住，并假设这个词汇是未知的。接着定义一个词汇预测的任务，在这个任务中，算法根据已知文本的上下文信息，对被遮住的词汇进行预测。

举例来说，如果某条文本数据记录为：

“*ChatGPT是美国人工智能研究实验室OpenAI新推出的一种人工智能技术驱动的自然语言处理工具。*”

接下来，将其中的某个词汇掩盖住，比如“实验室”，那么在构造出的“辅助任务”中，预训练大模型的输入数据就是：

“*ChatGPT是美国人工智能研究【　　】OpenAI新推出的一种人工智能技术驱动的自然语言处理工具。*”

模型对应的输出数据则为“*实验室*”。

这种通过“掩码”策略构建的自监督学习模型，可以保证每一条无标注的文本数据都转化为“辅助任务”中的有标注的数据资源，为模型的参数学习提供信息指引。自然语言预训练大模型BERT就是基于掩码策略迅速积累了用于参数学习训练的海量文本数据资源。

基于时序的自监督学习方法，是将时间上的相关性作为内容上的相似性，从现有的数据对象中提取有价值的监督信息。这类方法的一种典型应用场景是面向视频帧的相似度分析问题。在视频分析的研究领域中，通常假设视频中的相邻帧的特征是相似的，而相隔较远的视频帧之间的相似度较低。通过这种规则，可以构建出一系列相似以及不相似的视频帧关系，以此来指导模型学习如何对视频帧的内容特征进行比较。

基于对比的自监督学习方法，从数据集中寻找能够两两建立数据相似度关系的数据特征线索。基于时序的方法本质上也是对比方法的一种特殊情况。另外，更普遍的一种应用场景是面向多模态数据集的建模应用。当同时对多个模态的数据对象进行建模时，需要比较不同模态数据之间的内容相似性。这就要求在自监督学习任务中，通过巧妙设计的既定规则，在现有数据集中对不同模态数据进行自动“配对”，实现“语义对齐”的操作，构建出相应的监督信号。

多模态数据建模任务中，常见的“配对”数据关系包括图片与文字之间的对应关系和字幕与音频的对应关系。在网络环境中，很多图片信息都带有附加的配文说明，这本身是非常优质的模型训练数据素材。通过使用这些“图—文”关联数据进行模型参数训练，可以获得能够同时对图像和文本数据进行语义表示的多模态预训练大模型。

前文中“以文生图”的著名应用DALL-E2，底层架构是基于CLIP和Diffusion的两个基础模型。其中，CLIP是典型的多模态预训练大模型，可以对任意的文本数据和图像数据分别进行准确的语义编码，该能力可以保证后续的Diffusion模型能够准确理解文本数据的信息意图，通过AI自动绘制出满足语义需求的图像作品。

在CLIP的训练过程中，研究人员使用了从互联网平台获取的4亿个“图—文”数据对。在数据集的准备阶段，具体的方式是首先准备5万条文本查询语句，使用每条查询语句从网络上抓取最多2万张图，通过查询语句和图片的对应关系构建4亿个数据样本。其中，5万条查询语句来源于Wikipedia的高频词以及基于高频词构成的词组。

结合以上讨论，自监督学习中引导参数学习的数据资源不再是稀缺的技术要素，这些数据资源不是专门为了AI建模任务临时构造出的，更多是客观存在的。数据科学家不需要专门为了大模型的训练工作以人工标注的方式构造大规模的庞大数据库，而只需要把注意力放在如何从现有的数字世界，比如开源互联网、公共语料库、电子文档，发现并采集已经具有“自然标注”的丰富数据资源。自监督学习方法的普及解放了大量的标注人员，正在逐步打破“更多人工、更多智能”的AI技术产业魔咒。

在构建了充足的数据集之后，接下来的重点工作就是对模型的参数进行学习训练。在小模型的任务中，模型的训练过程并不值得一提，基于随机梯度下降的参数优化方法已经应用得十分成熟。尽管一般的深度学习算法模型的参数结构也足够复杂，但是对模型的参数进行求解时，并不需要费力地计算解析解，而只要按照梯度的方向进行迭代式的搜寻就好了。

然而，面对海量数据集，当参数的规模进一步增加时，对参数进行训练，任务就会变得格外困难。任何事物规模化后，都不会是易事，哪怕本质的技术方法已经不再是秘密。每一次梯度方向更新，计算的算力需求都会更大，同时找到有效的模型参数组合位置也更加困难。

很多人说，大模型的训练难点不是技术问题，本质上是工程问题。大模型的训练依赖于非常大的计算资源，不仅需要消耗超大的内存来存储模型参数以及相关中间结果，同时还需要有超高性能的底层基础算力来支撑。

为了解决算力方面的瓶颈，需要在软件架构上进行改善，比如采用分布式的技术架构进行联合的数据建模，提高计算任务的并行化水平，有效提升数据建模的综合效率，缩短每一次模型训练的时间周期。在分布式架构的具体实施中，需要考虑很多工程类的技术问题，包括如何进行任务分解和数据分割，以及增加不同计算节点之间的通信效率和任务结果输出的稳定性。

此外，基于深度学习的神经网络模型建模依赖于大量的浮点计算，传统的CPU芯片已经无力应对超大规模的模型构建任务。目前，业界主要采用图形处理器（Graphics Processing Unit，GPU）、张量处理单元（Tensor Processing Unit，TPU），以及神经网络处理器（Neural Network Processing Unit，NPU）来进行相关的数据处理的加速操作。随着各种新型AI芯片的出现，深度学习模型的训练效率将会得到体系化的快速提升，相应的整体建模能耗也会变得更低。

通过工程上的优化，不仅提高了大模型生成的效率，还有利于降低成本开销。研发大模型的成本开销一方面来自经济方面，另一方面来自对环境的影响。

在构建AI大模型时，技术厂商需要付出高昂的资金代价。以OpenAI的某个早期的ChatGPT版本GPT-3为例，其模型的参数规模达到了1750亿，在训练规模如此庞大的深度学习模型时，光是在硬件和电力方面的成本，就高达1200万美元，折合约7500万元。这笔开销对于任意一个技术厂商，都是不容忽视的一笔巨额的技术投入，这还不包括后期模型上线运营的维护成本。

除了“烧钱”以外，AI模型的训练还会对环境产生影响。我们应该注意到，技术的进步不应以对自然环境的破坏为代价。AI模型训练会消耗电能，实际上是会产生“碳排放”的（见表3-2）。

表3-2　不同大型语言模型的碳排放统计

模型	能源消耗/MWh	CO_2排放量/吨
Evolved Transformer	7.5	3.2
T5	85.7	46.7
Meena	232	96.4
Gshard 600B	24.1	4.8

续表

模型	能源消耗/MWh	CO_2排放量/吨
Switch Transformer	179	72.2
GPT–3	1287	522.1
PaLM	3181	271

继续以GPT–3为例，经测算，其在模型的参数训练阶段一共消耗了1287兆瓦时的电力，产生了552吨的碳排放，相当于一辆汽车120年的排放量。ChatGPT的能耗水平同样不可低估，自从2022年11月底上线以来，其碳排放已累计超过814.61吨，在当前热度的日均访问量规模下，月排放量至少要在100吨的水平。

未来，AI模型会变得越来越庞大，功能也会变得越来越通用，相应的技术建模任务对数据、能源、网络、人力、资金等各方面的资源消耗也在迅速增长。高效和节能将成为非常值得人们关注的技术主题。技术的创新不仅是为了改善人们的生活水平，还要坚持绿色发展的基本原则，同时也要朝着更加普惠和实用的方向不断演化和发展。

揭开ChatGPT的神秘面纱

前面我们介绍了AIGC技术和大模型，我们看到，基于预训练机制的超大规模神经网络可以产生惊人的语义理解能力和内容创作能力，最终以ChatGPT的产品形态向世人展示了前沿的AI技术水平。在了解核心技术原理的基础上，我们可以更好地理解ChatGPT究竟是如何工作的，并且深入地认识它的“能”与“不能”，更加理性地看待ChatGPT对我们生活和工作的影响。

• 剖析ChatGPT技术原理

把ChatGPT拆分来看，分成Chat和GPT两部分。其中Chat很好理解，是聊天的意思，其源于ChatGPT呈现出来的形态就是一个非常交互友好的“万能”聊天机器人。GPT是一个英文缩写，全称是Generative Pre-trained Transformer。Generative和Pre-trained两个词表示该AI模型是一个具有生成能力的预训练模型，Transformer是该模型的基础算法框架。

众所周知，Transformer已经成为当今面向自然语言处理任务非常经典的预训练大模型，能够以非常高的精度来进行文本数据的语义的理解，解决各种数据认知类的应用需求。Transformer最大的优点在于具有“注意力”机制，可以降低算法对不相关“噪声”数据的干扰，同时可以提高对长距离数据的信息捕捉，避免传统的循环神经网络结构随着数据输入长度的增加而导致的系统性能下降问题。

自从第一代Transformer产生之后，各大技术厂商就开始普遍将其作为文本类大模型的基础技术原型，并研发出了一系列经典的大模型产品。图3-6展示了基于Transformer的一系列模型的演化过程。可以看出，这些大模型主要沿着三个产品序列在不断地成熟、发展，分别是GPT序列、T5序列和BERT序列。

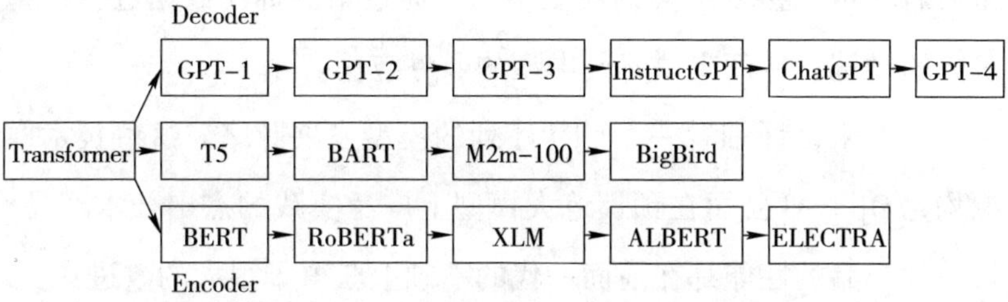

图3-6 Transformer模型演化发展图谱

GPT模型序列主要是面向Decoder类型的技术应用，主要是解决人工智能“解码”方面的需求，关注如何基于特定的语义信息，自动生成满足需求的文本数据，属于典型的AIGC技术架构。GPT模型序列从2018年提出的GPT-1开始，经过不断的能力优化和系统升级，发展到了现在强大的ChatGPT版本和GPT-4版本。

T5（Text-To-Text Transfer Transformer）模型序列是面向Encoder-Decoder类型的技术应用，其特点是从一个序列的输入到另一个序列的输出，先把原始输入进行有效的信息编码，然后再把信息解码成对应的数据输出结果。T5主要用于文本摘要、机器翻译、文本分类等数据分析应用中。总的来说，T5及其衍生模型，可以总结为文本到文本迁移的Transformer，任何NLP任务都可以被描述为文本到文本的问题来解决。

BERT（Bidirectional Encoder Representation from Transformers）是由GoogleAI研究院在2018年提出的非常具有影响力的预训练模

型，是面向Encoder类型的技术应用，其特点是能够对输入的文本数据进行信息编码，从中提取到有价值的语义信息。BERT模型的后端可以接入不同的模型结构，通过新的标注数据进行模型参数的微调，从而支撑不同类型的业务应用。

接下来，详细看一下GPT序列的模型发展脉络，这些技术模型均是OpenAI公司在预训练大模型上广泛实践的杰出技术产品，每一代产品的性能都在前面一代的基础上获得了很大的改进：

GPT-1发布于2018年6月，采用了半监督的学习方式训练而成。该模型首先在大规模的无标签数据集上生成一个预训练模型，然后在有标签的子任务上进行模型的微调。GPT-1首先采用了Transformer的技术底座，克服了传统RNN的序列数据分析缺陷。

GPT-2的目标是训练一个泛化能力更强的词矢量模型，本质上是零样本学习的技术路线。该模型没有对GPT-1的网络结构进行过多的改变创新，只是使用了更多的网络参数和更大的数据集。相比于GPT-1模型的1.17亿参数量和5GB的训练数据集，GPT-2采用了15亿参数量和40GB的训练数据集。

GPT-2假设任何有监督任务都是语言模型的一个子集，当模型足够复杂且庞大时，仅靠训练语言模型便可以完成其他有监督学习的任务。举例来说，GPT-2模型通过学习数据样本：

"*Michael Jordan is the best basketball player in the history.*"

可以学会处理问答类任务：

"*Who is the best basketball player in the history?*"

并自动给出“*Michael Jordan*”的答案。

GPT-3发布于2020年5月，OpenAI在微软的投资下，将GPT系列的模型扩大到了一个更高的层级水平。GPT-3的模型规模相比于GPT-2，实现了一个巨大的飞跃。其模型参数为1750亿，是当时世界上最大的NLP预训练模型。GPT-3在模型训练的过程中，消耗了45TB的海量数据资源，在微软的Azure AI基础设施上训练，总算力消耗约3640 PF-days。

相比于GPT-2，GPT-3具有更丰富的内容生成能力，除了能满足常规类的文本生成需求外，GPT-3还能写出Java Script、SQL等程序语言，同时在简单的数学运算上也有不错的表现。在GPT-3的训练过程中，使用到了情景学习（in-context learning）的技术手段，情景学习是“元学习”技术的一种，可以保证模型在少量数据资源的基础上快速得到准确的参数结果。总而言之，GPT-3不仅在自然语言任务上性能更强，同时还能承担更泛化的内容生成任务。

GPT-3的下一个版本是InstructGPT，该版本的GPT模型发布于2022年初，相当于当前ChatGPT的早期版本。InstructGPT是OpenAI在GPT-3的基础上进行微调生成的，ChatGPT是在GPT-3.5的基础上微调生成的，二者在原理上本质是等同的，唯一的区别是ChatGPT的参数规模比InstructGPT要大很多。尽管当前ChatGPT还没有完全公开其技术原理，但是我们可以通过InstructGPT来窥探ChatGPT的底层技术“端倪”，了解ChatGPT是如何生成自然、相关、友好的回答内容。

与GPT–3相比，InstructGPT和ChatGPT很好地解决了内容相关性的问题。由于GPT–3是在大量的互联网文本上进行训练的，而不是在特定的任务上进行训练，因此GPT–3模型对问答的输出结果不能有效地与用户的意图进行对齐。与此同时，GPT–3是在完全无监督的情况下训练出的超复杂模型，生成内容随机性很大，很容易产生危险（错误的、攻击性的、恶意冒犯的）内容输出。

InstructGPT和ChatGPT通过外部的人工标注数据，为机器输出的结果提供有价值的反馈信息，对GPT–3模型的参数进行微调（fine–tuning）和优化，一方面过滤掉有危害的信息内容，另一方面使得机器生成的结果更加符合人类预期。和前一阶段GPT模型的进化思路不同，InstructGPT和ChatGPT引入了全新的模型训练机制，采用了基于人类反馈的强化学习（Reinforcement Learning from Human Feedback，RLHF）数据建模策略（见图3–7）。

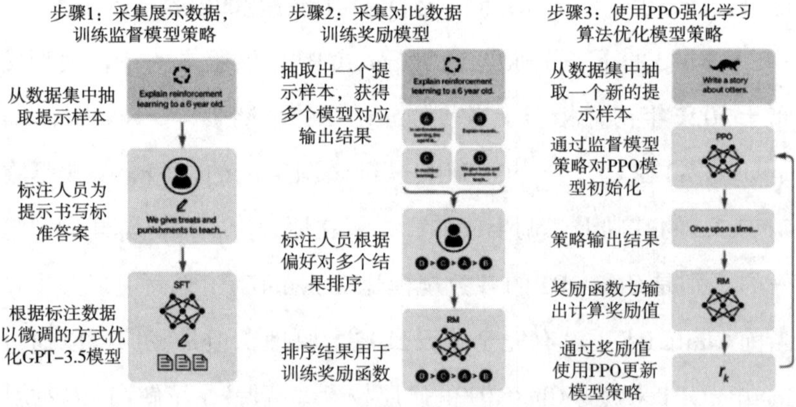

图3–7　ChatGPT的主要技术原理

ChatGPT的训练过程主要分为三个阶段：

第一阶段，是对GPT-3.5模型进行有监督的参数微调（Supervised Fine-tune，SFT）。该环节的作用是让深度学习算法模型进行参数学习和优化，能够基于特定的提示（prompt）生成相应的反馈结果，也就是说在机器与人聊天的过程中，机器可以对人提出的各种问题和任务要求进行自动应答。不妨称这个阶段构建的模型为SFT模型。

为了让机器具备相应的生成内容的能力，需要构建有人工标注的数据集。该数据集的形成基础来自一个提示数据库（prompt dataset），这是一个非常庞大的任务库。在进行数据标注时，从任务库中随机抽取若干问题，然后通过人工的方式逐一回答。比如，可能从提示数据库中抽取到问题“向一个六岁孩子解释什么是强化学习”，那么人类专家可以给出答案“我们通过奖励或者惩罚来进行教学”……

第二阶段，基本任务是构建一个有效的奖励函数。奖励函数是强化学习技术中一个非常关键的技术要素，构建奖励函数的目的是在接下来的阶段用强化学习的方法来优化AIGC算法模型。强化学习是一种对机器的行为策略进行训练学习的技术，一个典型的强化学习任务包括以下几个基本要素：

智能体（agent）

智能体是强化学习的主体，是进行行为决策的对象，例如ChatGPT的智能交互算法模型。

环境（environment）

环境是智能体所处的业务场景，智能体在行为中与环境进行交互，从环境中获取信息，执行相应的行为活动，并反过来通过自身行为影响环境。在ChatGPT模型任务中，环境是指人机对话的业务场景。

状态（state）

代表当前智能体和环境所处的状态，随着智能体不断与环境进行行为交互，智能体和环境的状态也会动态改变。

行动（action）

行动是每一阶段决策的结果输出，在一个强化学习任务中，智能体通常会有一个行动空间。对ChatGPT来说，所有可能生成的文字内容、代码内容，都在其行动空间中。

策略（policy）

策略是环境状态到行动的映射关系，也是强化学习任务的核心目标。对于ChatGPT来说，策略是指基于特定的上下文提问信息，算法给出相应反馈的决策思路。

激励函数（reward function）

激励（reward）是智能体真正关心的内容，激励函数是指环境给予智能体奖励或惩罚的机制，也是智能体通过不断交互和试错的过程，尝试理解的任务需求本质。ChatGPT的任务本质体现在人对于机器回答内容的偏好。

价值函数（value function）

定义了从长远来看，对于智能体来说什么样的结果是好的。价值函数通常与状态有关，一个状态的价值是指从当前状态开始，智能体在未来的累积收益的期望值。在多轮对话任务中，价值函数是激励函数的累积结果，可以评价一个算法模型的长期表现。

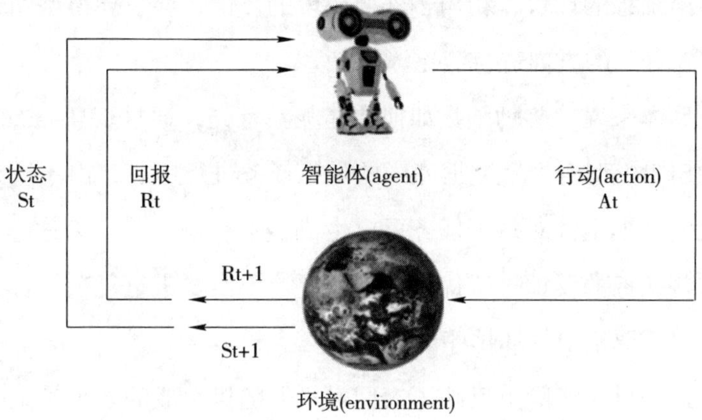

图3-8　强化学习技术基础原理

在强化学习任务中，机器与外界的环境不断进行交互。在每一次行为决策后，外部环境都会根据机器的特定行为给出一个反馈评价。如果这个反馈是正向的激励，那么这次行为对应的策略就会被鼓励而强化，如果反馈是负面的，策略就会被弱化。

奖励函数在这里的作用，就是让外部环境自动地针对每次机器的行为给出有效的评价，从而通过外部价值引导让机器智能体的行为策略持续优化，直到符合实际的业务目标需求。理解了奖励函数的作用，也就明白构建它的重要意义。打个比方，如果需要有一个老师教会学生某个科目，那么我们要先培养出这个老师。

在ChatGPT的训练任务中，就是要通过强化学习技术，训练机器能够根据用户的提问给出“令人满意”的回答。ChatGPT对提问的每一次应答，相当于机器与环境的一次交互，人对算法模型输出结果的评价，相当于外部环境的反馈，会引导模型朝着更加“友好”的方向进行演化。

具体来说，奖励函数如何构建呢？首先，通过GPT-3.5微调后的SFT模型对提示数据库中的随机任务进行应答，由于模型是随机的，模型针对每个任务可以生成多个结果反馈。接着，人员对这些任务的反馈进行优劣评价，评价不需要进行复杂的打分操作，只需要给出好坏排序即可。

这个排序实际上反映了人们对机器随机生成的多个答案的一个偏好。当奖励函数“学会”了人的偏好，自然也就更了解人们到底喜欢什么样的反馈，能够让机器产生更加符合人的预期、审美，以及安全和道德标准的内容。例如，机器随机生成了四个答案A、B、C、D，那么标注人员就要给出诸如“D>C>A>B”这样的偏好反馈。

第三阶段，就是要通过传统的强化学习算法对机器的自动应答行为进行建模。该阶段的主要建模任务是从第一阶段得到的SFT模型开始，继续进行参数的学习和优化。强化学习算法使用第二阶段输出的奖励函数，作为机器与环境交互的反馈依据，不断指引机器朝着特定的方向进行策略学习，逐渐接近人们实际的应用偏好。

在ChatGPT的强化学习过程中，采用的是近端策略优化算法（Proximal Policy Optimization，PPO）对模型的参数进行迭代更新。PPO算法是一种新型的Policy Gradient算法，该算法对“步长”十分敏感，但是又难以选择合适的“步长”。PPO算法中目标函数可以在多个训练步骤中实现小批量的更新，有效地解决了Policy Gradient算法中“步长”难以确定的问题。

• ChatGPT产业化应用现状

在了解了ChatGPT的技术原理之后，可以从技术本质的方面，更加深刻地理解它的产业应用现状以及实际能力边界。

ChatGPT尽管以一个智能聊天机器人的身份出现，但它并不仅仅是一个灵活互动的“玩具”，而是一个可以为各种不同数字化应用进行智慧赋能的AI引擎内核。2023年2月，OpenAI推出了付费订阅版ChatGPT Plus，这个版本的软件每月收费20美元，正式开启商业化变现的道路。

另外，当前ChatGPT已经正式开放了API接口，这就意味着B端的企业可以直接将ChatGPT的功能整合到自有的AI产品应用中，迅速获得ChatGPT强大的智能交互能力，这也进一步加强了ChatGPT技术市场价值的释放。ChatGPT API底层调用的模型和最初发布的ChatGPT产品是完全一样的，使用的是GPT-3.5-Turbo

模型，也就是说，如果B端企业集成了ChatGPT的API，就可以享受到完全一样的技术服务能力。

在B端的收费模式上，ChatGPT是基于输出内容量进行定价的，前端应用程序通过开放API接口获取的数据量越大，OpenAI的收费就越高。ChatGPT API的具体价格为每1000个token收费0.002美元，如果换算为最终输出的词汇量来看，相当于是每100万个单词，价格为2.7美元，折合人民币约18元。在自然语言处理的任务中，token是一种特殊的统计单位，在某些方面等价于词汇的概念，但是也包括一些组成最终文本内容输出的标点以及格式符号等必要元素。

当ChatGPT开放API接口后，很多企业都可以通过“快速集成”的方式快速获得这种高智能水平的交互能力。尽管企业自研ChatGPT的成本很高，但是通过付费的方式直接调用模型成果，也是一种快速搭上这班“智慧”列车的有效快捷手段。ChatGPT对于企业的价值主要在于能够提供灵活、强大的知识型服务，更好地支撑企业内部的管理运营以及对外的个性化客户服务。

当前，已经成功接入ChatGPT聊天界面的企业数量仍处在初步增长的阶段，主要应用场景是社交、教育、购物等面向C端消费者的服务行业，ChatGPT所提供的智能自然语言交互能力可以极大地提升这些领域的综合服务效率，更好地建立和维持客户关系。

例如，著名的照片分享社交应用Snap推出了基于ChatGPT

API的“My AI for Snapchat+”功能，该功能是一个友好的、可进行内容定制生成的聊天机器人，使用该产品的用户能够通过聊天的方式自动获得有趣的建议，并在几秒内为朋友写出一个笑话；与此同时，在线学习平台 Quizlet也紧随其后，宣布将整合ChatGPT的API服务，计划基于在线AI教师Q-Chat的自主提问方式辅助学生完成线上学习任务，更及时地发现学习过程中的重点难点；此外，在线食材零售与配送平台Instacart也把ChatGPT API灵活接入其App应用中，充当在线智能导购员，当用户询问“制作炸玉米饼需要哪些食材”时，ChatGPT API可以瞬间给出相应答复，并在回答中顺便附带相应食材的购物链接。

未来，越来越多的企业开始关注如何充分利用ChatGPT的整体技术优势构建前沿的数字化应用，其目标一方面是对现有业务进行提质增效，另一方面是基于自身产业特点进行管理模式和商业模式的创新。

尽管产业活动与ChatGPT相结合将会迸发出的业务应用潜力不容小觑，但是“ChatGPT+”的最终应用效果终归是与AIGC模型本身技术特性的发展情况密切相关。产业端的应用需求对ChatGPT模型的性能提出了更高要求。就目前的使用情况反馈来看，ChatGPT在完成自然人五花八门的提问任务时，也暴露出了不少技术问题，这些问题的关注和突破将直接对ChatGPT的最终商业化进程起到关键性的影响。

首先，ChatGPT回答的内容并不完全是真实的，用户在提问时有可能得到虚假或错误的答案。之所以会出现这种情况，其实很容易理解，ChatGPT的训练文本数据来自开源互联网以及其他公开语料库，ChatGPT模型只掌握了如何生成相关内容的技能，但却无法掌握如何生成真实内容的技能。

从开源互联网上自动爬取的数据质量不可保证，其信息的真实性和可靠性大多数都没有经过专业的认证，同时，模型还参考了小说、剧本等虚构的创作素材。尽管在模型训练的参数微调阶段也会引入人工标注的结果，但这个阶段的工作更多是为了解决语义对齐的问题，对模型产生数据的真实性提升效果十分有限。

其次，尽管ChatGPT看似无所不能，可以回答人们任意提出的问题，但是经过广大网民的热情测试发现，ChatGPT经常会一本正经地胡说八道，给出敷衍的答案。在用户的使用过程中，如果ChatGPT不知道应该如何回应，它不会像传统对话机器人一样诚实地表明它不会，而是硬着头皮“胡诌”出一些内容来。

比如说，有网友对ChatGPT提问：

“‘指鹿为马’的故事是关于什么的？”

ChatGPT竟然非常自信地给出了下面这样啼笑皆非的回答：

“‘指鹿为马’是一种成语，源自《庄子》中的故事。故事讲述的是一位明智的君王，他利用了自己的智慧和语言技巧，使自己的军队从一个危险的地方逃脱。在故事中，君王通过把鹿当作马来欺骗敌人，使他们感到不安和困惑，从而在战斗中获得优势。此外，故事还被解释为对人类愚蠢和易受骗的批评。”

导致“应答失效”问题的原因很大程度上在于训练模型的文本数据库在内容上覆盖度不全，导致ChatGPT的“知识引擎”不能覆盖长尾的小众问题领域。另外值得注意的是，当对ChatGPT提问的语言是中文时，它胡说的概率会更大。ChatGPT在模型的训练阶段，主要采用的是英文语料，对中文的语言支持度在未来仍有待提升。

除了前面提到的两个方面，ChatGPT产生的内容极为不可控，对其外在表现很难进行“精准”的引导。ChatGPT本质上是基于深度学习框架的AIGC技术，模型结构复杂、参数规模庞大，模型本身相当于一个“黑盒”。很难确定模型输入内容和输出内容之间的关系具有可解释性的规律，从而表现出一种“伪随机”的复杂系统结构。在这种情况下，ChatGPT模型对用户提问给出的结果就会存在较大隐患。

例如，ChatGPT经常会产生危险言论或者冒犯性的语言，在某些用户的“恶意”诱导下，ChatGPT也不会考虑后果和影响，为用户提供不良的协助。ChatGPT难以将人类社会的规则和约束添加到其自身的工作机制中，人们很难保证在各式各样的对话任务中，ChatGPT做出的应答不会越界。

在ChatGPT的构建过程中，相比于前一版本的GPT-3.5，额外又通过强化学习的方式引入人类对机器应答的偏好，这在很大程度上降低了在对话中出现“可怕”言论的概率。然而仅通过基于大数据统计的技术路线来调整模型输出结果，始终无法确保已知的意外情况不会发生。

模型的复杂结构不仅会导致难以对任务的“负面清单”进行穷举和维护，同时也无法融合垂直领域专家有价值的产业经验和知识。严谨的知识推理任务对于深度学习大模型来说并非专长，AIGC模型的认知能力的提升更多是依靠模型体量规模的骤增，逐渐以一种复杂的方式“涌现”而成的。更加精确的推理能力往往是符号主义人工智能学派的技术优势，专家知识如何编码并与深度学习算法模型进行有效整合，将是数据科学家在未来急需面对的关键课题。

在很多回答中，ChatGPT提供的回答经常给人一种形式大于内容的感觉。人们之所以频频惊叹ChatGPT的智能，是因为它的回答给人一种很自然的感觉，然而如果细细推敲就会发现，ChatGPT经常会在很多细节方面出现错误。对于严谨的推理类任务，以及逻辑复杂的分析类任务，ChatGPT都很难完成。比如很多用户都测试了ChatGPT在计算应用题方面的能力，对于简单的题目，ChatGPT似乎还能对答如流，但是如果题目的推理逻辑稍加复杂，或者问题中设置一些隐藏的思维陷阱，那么ChatGPT就会非常容易栽跟头。

另外，ChatGPT对预测类任务的支持度相对不高。ChatGPT的数据建模所参考的数据自然是历史数据，未来的数据对模型来说是不可见的。如果对ChatGPT的提问在时间维度上超纲了，这种任务的完成将非常困难。

ChatGPT其实更擅长在给定的历史信息中寻找答案，回答事实类的问题。对于从未出现过的情况，ChatGPT只能依靠历史情况，以此为参考进行类比推演。然而现实情况是，未来并不总是遵循着历史的规律线性发展，很多历史事件也未必会简单重复，“黑天鹅”事件的预测对ChatGPT来说几乎是不可能的。可以说，ChatGPT更擅长基于它已知的知识碎片进行“乱猜”，而不是有道理地真正预测。

在技术功能的定位上，ChatGPT是一个通用的AI算法服务，可以处理任何场景的知识类、交互类的问题。在自然语言大模型的训练阶段，无差别地对海量的文本数据进行学习，因此最终输出的模型产出具有非常强的功能泛化性。但是同时这也带来了另外一个问题，就是尽管它做到了“广”，但是可能不一定“精”。

很多企业看中了ChatGPT强大的理解能力和类人的服务能力，希望能在自身的垂直领域业务中整合ChatGPT的智能交互功能，开发出满足自身实际业务场景和业务需求的定制化AI产品。与早期版本的GPT-1和GPT-2不同，ChatGPT的代码目前还不开源，仅开放了API接口，包括基本模型、微调模型、嵌入模型等，企业运用ChatGPT的模型能力只能通过付费租赁的方式进行落地。

企业需要利用已经预训练好的AI大模型，基于自身独有的业务数据进行二次开发，以此来获得适配性更强、知识结构更加相关和完善的行业技术应用。未来，产业端对“类ChatGPT”方面的技术需求会变得越来越旺盛，如何保证企业级应用做到国产自主可控、支撑私有化部署、符合数据安全标准，以及获得灵活度更高的AI技术底座，是值得深入反思和研究的产业问题。

第四章

产业应用：AIGC商业化的无限机遇

20世纪60年代，第一台聊天机器人的诞生，清楚地体现出人类渴望同机器进行类似于人与人之间沟通的意愿。ChatGPT的出现使人工智能从会做选择题进化为能够处理“无中生有”任务的解答题。如同蒸汽时代的蒸汽机、电气时代的发电机、信息时代的计算机和互联网，人工智能正成为推动人类进入智能时代的决定性力量。数据、模型和算法等关键维度的技术突破，成就了AIGC产业的辉煌。全球各界充分地认识到人工智能引领“新一轮”技术变革的重大意义，纷纷转型发展，推进“AIGC+”的产业应用，抢滩布局智能应用创新生态。

聊天机器人：AI无所不能的应用

1996年央视春晚，蔡明与郭达表演的小品《机器人趣话》以幽默诙谐的方式向全国人民科普了聊天机器人的概念。如果说20世纪90年代人们对人工智能聊天机器人的理解还停留在娱乐用途上，那么如今智能手机上搭载的Siri、智能音箱“天猫精灵”、小米AI音箱“小爱同学”等语音助手则更贴近于人们的日常生活，为人们提供更多有趣而实用的智能服务。人工智能技术的突破使得聊天机器人更加重视与用户的强大交互，作为个人助理的角色，辅助业务流程，逐渐地应用于客服、搜索引擎等商业场景。

• 聊天机器人，漫长而复杂的历史

聊天机器人是一种模拟与人类用户对话的计算机程序。从20世纪60年代Eliza的诞生、21世纪初Siri的出现，到2022年11月底OpenAI发布了ChatGPT，聊天机器人历经了不断更新与迭代的曲折历程，最终成为人们与数据和算法互动的新范式。

历史上最为著名的人工智能软件——伊丽莎（Eliza），是由麻省理工学院的计算机科学家约瑟夫·维森鲍姆（Joseph Weizenbaum）在20世纪60年代编写的与人对话的计算机程序，也是世界上第一台真正意义上的聊天机器人（见图4-1）。伊丽莎使用模式匹配和替换方法来模拟对话，最初的目的是帮助心理咨询医生解决患者的精神问题。

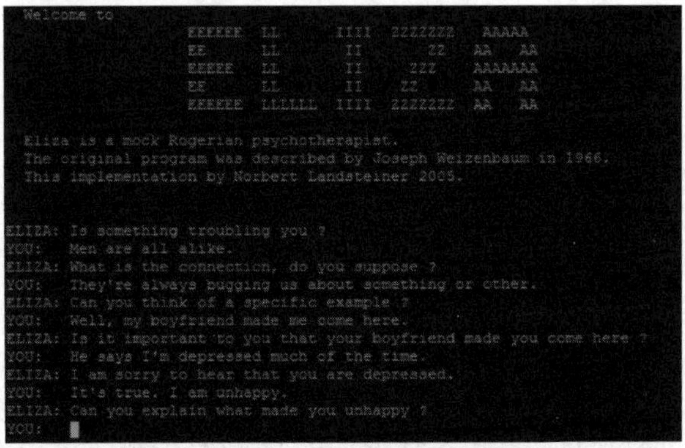

图4-1　世界上第一台聊天机器人Eliza

伊丽莎得到的是最简单形式的自然语言人工智能——模式匹配支持，只有文本界面，主要策略是提出问题，并重新表述用户说的话。程序员们试图使用这种技术来预测人们可能对一台聊天机器人说出的各种单词和短语，然后再将这些话语与预先写好的应答语言反馈进行关联匹配。

在伊丽莎的“父亲”维森鲍姆教授自己看来，伊丽莎并没有真正的理解力，只是人类对话的“复读机”，对问题的回答和反应给人造成了它具有感知能力的错觉。但在之后的几十年里，人工智能专家仍将伊丽莎视为灵感之源，众多开发者在伊丽莎的模型基础上进行聊天机器人的构建，试图实现更接近人类的互动。

1972年，美国精神病学家Kenneth Colby开发了聊天机器人PARRY，该程序模拟了一个精神分裂患者，目的是帮助了解精神类疾病，是一种类似于个人思维的计算机；1988年，Rollo Carpenter开发了聊天机器人Jabberwacky，该聊天机器人使用了“上下文模式匹配”的人工智能技术，可以通过有趣的方式模拟自然的人类对话；1992年，一个在MS-Dos上创建的聊天机器人Dr. Sbaitso诞生了，该聊天机器人被认为是最早尝试融入AI技术的聊天机器人之一，是相应的技术产品从文本界面转向语音操控聊天程序的关键进展。

1995年，美国人Richard Wallace开发了通用语言处理聊天机器人ALICE，全称是Artificial Linguistic Internet Computer Entity，因其首先在一台名为Alice的计算机上运行而被称为Alicebot。ALICE使用人工智能标记语言XML指定对话的规则，模拟通过Internet与真人对话聊天的过程。

2001年，SmartChild的出现被认为是Siri的前身，它能够进行有趣的对话并快速访问其他服务的数据。到了2010年，Apple为IOS开发了语音助手Siri——最早的个人智能语音助理产品，该产品可以便捷地回复用户传输的文本、音频、图像和视频。Siri发布后，很快便俘获了众多"果粉"们的芳心，给广大用户带来更丰富的应用互动体验，成为用户"贴身"的智能个人助理和学习导航器。

紧接着，2014年Google Now成功推出，甫一问世就成为Siri最强有力的竞争对手。Google Now的先天优势在于与Google搜索功能结合，通过智能算法读取用户搜索的关键词和信息需求后，不仅可以为用户提供相关的语音服务，还会根据用户的需求"主动"发出消息提醒，其产品性能更加人性化。Cortana（微软小娜）是微软于2014年发布的全球第一款个人智能助理，该产品的定位是虚拟生产助手。小娜程序记录了用户的行为和使用习惯，读取和"学习"手机中的文本文件、电子邮件、图片、视频等数据，准确地理解用户的交流语义与语境，用户与小娜的智能交互过程不再是简单的基于存储式的问答，而是真正意义上的对话（见图4-2）。

图4-2　全球第一款人工智能助理Cortana

2014年，亚马逊开发了智能个人助手Alexa，与Siri和Cortana不同，Alexa主要用于亚马逊Echo智能音箱，最初内置于Amazon Echo、Echo Dot、Echo Show等智能硬件设备，用作家庭生活场景的自动化系统。通过语音交流的方式，人们就可以操控Alexa播放音乐、设置闹钟、创建待办事项或购物清单、播放有声读物、获取新闻或天气预报、控制智能家居产品等。

2015年，阿里巴巴发布了人工智能购物助理虚拟机器人，取名为“阿里小蜜”，是我国极具代表性的商用在线客服聊天机器人系统，“小蜜”通过“智能+人工”的方式为用户提供了良好的购物体验。在应用时，该智能助理如果发现用户的问题无法回答时，还能及时将用户需求转向人工客服进行特殊处理。

2022年，OpenAI团队推出的聊天机器人ChatGPT横空出世，它拥有非凡的自然语言文本生成能力，能够胜任各种综合、复杂的自然语言分析与挖掘任务，同时能更加准确地理解人类语言的模糊性表达。ChatGPT不仅能根据用户需求生成精准达意的文本内容，如论文、新闻稿、诗词、代码等，还能回答几乎一切“刁钻”问题。自然流畅的文本交互能力以及其在各个领域的广大应用潜力，让ChatGPT风靡全球、备受赞誉。

随着时间的推移以及AI技术的越发成熟，聊天机器人逐渐变得更“聪明”，更“善解人意”，更有“人情味”，也从而收获了更多粉丝的关注。但从整体上来看，聊天机器人的技术水平尚存在一些局限，距离实际的深度应用还有一段发展道路需要探索。

未来，更多数字化场景希望借助ChatGPT等优秀的聊天机器人，把人机对话玩具向实际的生产力工具方向转变，不断改善人类体验智能技术的方式，创造更多智能产业创新机遇。

- **聊天机器人是科学还是“占卜”**

聊天机器人按其设计目的划分，一般分为问答型聊天机器人、任务型聊天机器人、对话型（也称闲聊型）聊天机器人三种类型：问答型聊天机器人主要是用来满足回复事实性问题（what、who、where……）或部分攻略性（how），以及缘由性（why）问题。比如FAQ问答型聊天机器人，可以达到辅助用户进行决策的目的。

任务型聊天机器人多用于在指定范围内，通过聊天交互的方式帮助用户实现其具体的任务需求。与FAQ对话或者闲聊型聊天机器人相比，任务型对话的输出形式可以是对话，也可以是表格、图片或地图等更加多样性的信息呈现形式。任务型聊天机器人的常见应用包括基于语音助手协助完成订外卖、叫出租车等功能服务。

对话型聊天机器人通过与对话发起人闲聊的方式，根据不同的场景与人类进行情感交流或针对特定的话题展开自由讨论。比如，最早的聊天机器人伊丽莎（Eliza），其程序设置是模拟心理治疗师对问询者的陈述或问题进行回答，通过对提问内容进行重复，或针对关键字词进行针对性的反馈，满足人们内心预期听到的答案，实现倾听与交流的目的。

目前，聊天机器人已经被广泛用在教育、电商、传媒、服务、金融等领域中，作为人类亲密无间的助手和倾诉发泄的“树洞”。与此同时，人们在“调戏”聊天机器人的过程中，也对人工智能技术更加充满好奇和疑惑——“他们”到底是如何实现与人类对话的？

早期的聊天机器人主要采取检索、规则、自然语言解析三种技术路线。其中，基于检索的方法是通过相似度算法在数据库中搜索现成的问答对查询结果进行反馈；基于规则的方法则是由专业人员编写相应的回复规则，再通过规则匹配的方法进行内容应答；而基于语言解析的方法是对每一句话进行深度自然语言处理之后，提取关键的语法语义信息，并生成相应的动态内容回复。然而，受限于数据库大小、规则的不完善，以及语言在不同语境和行为下产生的歧义，聊天机器人难以应对用户“千奇百怪”的问题考验，时常会表现得非常“智障”。

相比于早期聊天机器人，ChatGPT通过大算力的“调教”和长时间的“训练”，可以很好地模仿人类的思维逻辑和认知功能，让其能够准确地归纳、总结、举例，而不是机械地“照搬照抄”，进而与人类进行各种场景的自由沟通交流。

虽然技术上突飞猛进，但是目前最先进的聊天机器人的“认知”能力仍然建立在大量的训练文本数据集上，算法模型本身并不具备对复杂和抽象系统的理解机制，同时，也无法预测未发生过的事，对部分事物和领域的判断缺少深度和精准度，无法完全代替人类进行思考活动，有时的表现更像是“一本正经地胡说八道”。

• ChatGPT 是“炒作”还是未来现实

许多人将以ChatGPT为代表的生成式人工智能视为是继个人电脑、互联网以及手机构建的应用程序套件之后，下一个改变世界、创造非凡商业成就的伟大技术发明。

ChatGPT是OpenAI最新一代产品，是AI领域现有工程技术的一个组合创新，虽然前几代GPT的“声量”都不大，但这次能获得上亿人使用的确是因为它真的更加聪明、好玩，并且对现实生活产生了实实在在的影响和价值。随着ChatGPT的版本不断更新，全球上亿用户与其高频度交互，ChatGPT 能够围绕大量话题进行对话，拥有更接近人类的逻辑思维，并且能模仿人类的情绪。人们反馈道，ChatGPT输出的尽管不是最优答案，但却是最接近人类需求、合乎人类期望的结果。

凭借ChatGPT吸睛的表现，OpenAI于2023年2月2日推出了ChatGPT的升级付费订阅版本ChatGPT Plus，每月收费20美元，该版本提供比免费版更快速响应的服务以及更多新功能的优先试用权。紧接着，微软在2023年2月8日召开了一场媒体发布会，宣布把ChatGPT技术接口嵌入搜索引擎“必应”中，搭建了AIGC辅助的Edge浏览器，率先成功地搭上了ChatGPT的快车。

“新必应”最值得关注的技术突破是OpenAI专门为其搜索服务定制的下一代大型语言模型——普罗米修斯模型，做到进一步注释答案，更新搜索结果，而非单纯地展示页面或数据链接。比如，如果用户想要搜索5天的旅游行程时，“新必应”会为其搜索最佳景点，并将相应的结果汇总在一个基础的行程列表中。此外，用户还可以基于自动生成的行程方案继续追问更多问题，例如“这次旅行预计花费多少钱”等。这种直接给答案而非给链接的方式对于上一代搜索结果而言实属是降维式打击。

接入ChatGPT技术的“新必应”就像一个专业而高效的私人助手，能够做到与时俱进，接收新消息的速度远超于人类，给出的答案永远是最新最快的。

基于背后强大的算力基础和算法分析能力，ChatGPT自带拟人化的功能，可以准确地理解人类思维的优势凸显，加之网络巨头们的纷纷布局参与，ChatGPT应用商业化的序幕随之正式拉起。这给我们带来了更多技术思考：

未来ChatGPT如何与产业端的具体业务场景更紧密地结合，以培养出更大的应用市场？ChatGPT如何满足用户随时变化的需求，产生更多创新应用，为企业和个人带来更多效益？

虽然ChatGPT的商业化探索仍处在早期阶段，但ChatGPT应用场景广泛，可以快速响应企业的内容生成、资料研究，以及内容策划等方面的需求，拥有空前的蓝海市场。基于其技术逻辑和特点、对海量数据多元化处理方式、对小众主题的功能兼容，

ChatGPT的应用范围可覆盖回答问题、内容创作和生成计算机代码等多重任务领域，在未来中短期内拥有更丰富的应用场景，主要包括：

在智能创作方面。ChatGPT具备强大的文本内容创作能力，可以进行创意写作，比如自动创作诗歌、新闻、小说，也可以进行命题文字材料的生成，比如撰写新闻稿件等。ChatGPT还可以把其输出的结果作为一个中间变量输入其他模型，叠加两个模型的数据分析结果，在更多商业应用上实施进一步的技术拓展。

过往AI辅助绘画、影视领域的成功案例众多，可推断未来ChatGPT在艺术影视领域的商业化落地方面大有可为。ChatGPT可以根据大众的兴趣量身定制影视内容，为剧本创作提供新思路，激发创作者的灵感，缩短创作周期，从而保证作品获得更好的收视率、票房和市场口碑。另外，ChatGPT和Stable Diffusion的结合使用，能够生成极具艺术性的绘画作品，如最著名的AI绘画作品《太空歌剧院》。当前，基于ChatGPT的AIGC技术可以协助编写剧本、合成语音、剪辑视频以及生成虚拟场景等。

在新闻传媒方面，随着ChatGPT的加入，可以实现采编工作的自动化，更加智能地生成内容，实现智能新闻写作，提升新闻时效性。ChatGPT还可以根据用户指令完成翻译、素材整理、选题策划、写作稿件等任务，增加文本内容的丰富度，吸引企业网站和社交媒体渠道的流量。

2014年3月，美国洛杉矶时报网站的机器人记者Quakebot，在洛杉矶地震后仅3分钟就迅速“写出”了相关报道并予以发布。美联社使用Wordsmith平台自动生产出财务相关报道，该系统每秒能生产出2000篇文章，每周可以创作上百万篇文章。美国新媒体巨头公司Buzzfeed宣布计划采用ChatGPT提升内容创作能力，满足更加个性化的内容创作需求，其股价随即暴涨了近120%。

在数字营销方面。ChatGPT在交互上的流畅性，满足了现阶段人们对人工智能的所有想象。虽然ChatGPT无法完全复制人类的创意和情商，但ChatGPT采用了上下文关联语义的方式，主动揣摩对话场景，在人机交互过程中让用户深刻地感受到了机器强大的共情能力。企业可以借助这种共情能力，打造出虚拟客服功能，在社交媒体上随时与客户进行互动，赋能产品和内容的营销业务环节。

在营销方面。电子商务的出现改变了消费者购买商品的途径，由线下实体店向上延伸至网上商店，消费途径和消费习惯的改变颠覆了原有的营销方式和理念。现阶段，在传统的营销模式里投放流量和做直播，对商品销售结果的影响还远达不到预期标准，其主要原因是消费者对商品的内在需求发生了改变。

ChatGPT可以在“理解式”的聊天过程中，通过互动与用户产生共鸣，快速了解用户的需求和痛点，推荐用户真正发自内心愿意购买的产品，拉近企业与消费人群的距离，紧跟科技发展潮流。在人工客服有限并且业务素质参差不齐的情况下，还可提供24小时不间断的产品推荐以及在线服务，降低企业的营销成本，促进企业营销业绩的快速增长。

相比目前的人工服务模式，ChatGPT有着明显的成本优势。聘请团队完成一个项目所需的费用远高于接入ChatGPT的成本，并且随着ChatGPT模型的成熟度越来越高，其可以生成效果比人工更好的内容。

在商务场景中，ChatGPT借助其多任务处理能力优势，可以担任智能营销助理的角色，同时参与到培训员工的工作中，有效降低公司的用人成本。例如，亚马逊公司运用ChatGPT制作员工培训文档，在办公场景中发挥办公助手、语音转换文字、代码生成等功能作用。微软公司也计划将ChatGPT接入Office软件，联合推出可自动生成会议笔记的付费纪要工具Microsoft Teams。

总体来说，ChatGPT对于希望提高在线形象和客户参与度的企业来说是一个有价值的智能辅助工具，可运用在诸多实际业务场景中，让企业根据特定的输入和用户兴趣快速而准确地生成相应的信息结果，帮助企业创建适合其目标受众的多样化内容，提高创作效率和传播效果，在更短的时间内制作出高质量的内容，增加其网站或社交媒体渠道的流量。

"火爆出圈"的ChatGPT之发展并非一蹴而就，是人工智能产业发展到一定阶段的产物。相比于前几代的聊天机器人，ChatGPT具有良好的理解对话语境的能力，提升了代码理解和生成能力，可以输出更符合逻辑与人类价值观的高质量文本，兼具实用性与功能性，被视为有史以来最具代表性的AI应用之一。

微软、谷歌等科技巨头纷纷下场，抢先布局，让ChatGPT有望打开千行百业的海量应用场景，引发AI产业变革。近期，ChatGPT已经开启商业变现，推出付费订阅版本，也进一步验证了AIGC巨大的商业价值和科研价值。ChatGPT意味着一个AI大规模商业化时代的到来，这不仅是聊天机器人产品的一小步，更是AIGC技术发展的一大步。

AIGC产业生态：风起云涌

随着数字经济的快速发展，现有的内容生成方式受限于人类的创造力和知识储备量，已经很难满足人们对多样化、个性化数字内容的需求。聊天机器人ChatGPT的爆发式突破得益于数据、模型和算法等关键技术的创新，象征着文本类AIGC技术进入了新的发展阶段。随着机器写作、机器作图、机器底层建模、机器生成视频和动画等技术的逐渐成熟，人工智能产业有望迈入“新纪元”。与传统意义上的AI技术相比，AIGC变得更聪明了！

AIGC不是在一夜间变得无所不能，AI算法、算力、数据、模型都与数据科学底层技术的持续稳健发展息息相关。人工智能的本质是数据的海量运算，数据资源是重中之重；算力是对数据进行加速处理的基础动力源泉；算法则是AI的核心，其关键性地位自然也是不言而喻。

基于此，我们将AIGC的基础产业分为三个部分：第一个部分的基础产业是数据，主要包括数据源、数据产能、数据管理、数据分析与标注等技术要素；第二个部分的基础产业是算力和存储，主要包括云基础设施和AI芯片等技术要素；第三个方面的基础产业是算法，包括预训练大模型，以及在预训练大模型基础上快速迭代生成的场景化、定制化，以及个性化的业务应用模型等技术要素（见图4–3）。

图4–3　AIGC的基础产业及技术要素

• 数据：AIGC的资源底座

数据资源是人工智能技术产业创新发展的重要驱动力之一。数据集是指经过收集、筛选、标注生成的，供算法模型进行参数训练的信息要素。大数据技术方法的核心始终是面向海量数据的存储、计算、处理等基础活动，人工智能的分析、创作，以及综合决策能力也都依赖于海量数据的支撑，优质的数据源将成为AIGC行业发展的关键基础设施，数据的数量与质量共同决定了不同模型间的核心能力差异。

通过收集海量标注数据，对人工智能算法模型进行不断的训练和调优，算法即能够做到处理更复杂的交互场景。从机器学习的角度，这个过程可以用“老师传道授业”的活动来理解，即标注与管理知识点上的数据，从而对模型的演化过程进行监督，最终形成各种不同类型的算法模型。

数据标注主要是通过人工“打标签”的方式，形成可用于学习的样本数据，将其不断“投喂”给数据模型，最终使机器可以自主识别数据内容并给出相应准确的分析和反馈。对知识点的数据标注是人工智能算法得以有效运行的关键环节。简单来说，数据标注是对未经处理过的文本、语音、图片、视频等数据进行加工处理、人工判断，转变为机器可识别、可学习的过程。

基础数据服务商通常会使用数据采集与标注的专业工具处理文本、语音、图片等数据资源，治理多源异构数据，使其形成有价值的数据资产。在ChatGPT模型训练和构建的三个基本阶段中，第一和第二阶段需要大量的人工标注投入。现有数据的标注还是多以人工标注方式为主，但自动标注和半自动标注，也会随着机器学习技术的不断发展和完善，成为未来主要的数据标注形式。

当前，数据相关的技术企业主要包括两类：

一类是数据训练提供商。其主要业务是为AI产业链上的机构提供算法模型开发训练所需要的专业数据集。例如，海天瑞声是我国领先的AI训练数据专业提供商，拥有1050+的数据成品库，内容涵盖多种创新应用场景，训练的数据覆盖智能语音（语音识别、语音合成）、计算机视觉，以及自然语言等领域。

另一类是大数据和人工智能服务提供商。这些企业的业务主要面向数据获取、数据治理、数据检索、数据分析、数据挖掘等技术处理环节，提供大数据方向的基础产品和服务。例如，拓尔思公司主要从事中文全文检索技术和自然语言处理研发，以及数据采集、治理，和综合分析等大数据核心业务。

在数字经济时代，数据已成为和土地、人力、资本一样举足轻重的关键生产资料，逐渐成为各大企业日常生产经营活动的必需品。高质量的数据集对于数据模型训练及数据内容生成活动具有多方面至关重要的影响，企业在数据质量、数据清洗、数据标注和数据训练等环节的能力是数据类企业的未来竞争力所在。

• 算力：大模型训练的动力“引擎”

AIGC技术持续、可靠的商业化落地离不开宝贵数据资源与优质算力基础的支撑。海量训练数据资源搭配高性能算力，为AI模型提供强大的技术研发能力底座。算力，是人工智能技术企业完成对海量数据进行建模处理和快速迭代优化的重要奠基石和动力引擎。AIGC算法模型依靠大规模数据集进行训练时，对数据传输和数据计算效率提出了更高的要求。在这方面，云计算提供了社会级的超大算力计算平台和海量数据存储平台。以ChatGPT为例，其底层核心的GPT大模型需要通过微软Azure超算中心提供的综合算力进行快速训练；Stability AI使用了亚马逊AWS云科技SageMaker托管的基础设施和优化库，使得其产出的数据模型更具备服务韧性和高技术标准。

以大模型、大数据为信息基础，AI芯片、高性能网络等基础设施作为算力服务底座，AIGC在全新场景的业务落地成效得到了进一步的提升。据统计，GPT-3.5在微软Azure AI超算基础设施上消耗的总算力，需要7至8个30亿投资规模的数据中心支持运行。然而，随着训练AI模型所需的算力呈指数级增长，ChatGPT官网也曾多次出现因为满负荷而无法登录的问题。由此可见，算力水平是AIGC有效商业化应用的关键技术因素。

图4-4 “英伟达”推出的大模型训练AI芯片

随着AIGC的逐步落地，未来AIGC应用普及的背后，将产生巨大的算力产品和服务市场：从底层硬件条件来看，与传统搜索应用的算力需求相比，AIGC应用中涉及大量计算任务的算法模块需要更高算力水平的AI芯片提供支持；从技术原理角度看，随着AIGC数据模型的不断进化迭代，模型结构的层数和复杂度不断增加，这些技术发展特征也都导致AI技术对算力方面的需求更加旺盛。

面对算力需求的指数级增长，短期内使用Chiplet异构技术可以加速复杂数据应用算法的高效落地，成为“摩尔定律”的拯救者。长期来看，“存算一体”的高性能AI芯片或将成为未来算力的“秘密武器”。高性能AI芯片相比于GPU和CPU拥有成倍的性能提升和极低的耗电水平，作为基础设施可以支持深度神经网络的学习和加速计算，为AIGC的应用及产业发展提供可持续发展的技术能力保障。

• 算法：AIGC成功背后的“杀手锏”

AIGC的算法和模型赋予了机器近乎人类的创造力，也是机器学习和深度学习技术产业落地的关键所在。开发者可以基于预训练大模型，根据不同行业、不同功能生成场景化、定制化、实用化的具体业务应用模型，推动不同垂直行业领域实现AIGC技术的快速部署与系统集成。AI算法公司在自然语言处理、机器视觉、数据标注方面都具有产业先发优势和技术领先性，其算法优势体现在虚拟人与自然人的对话交互、AI作图，以及AI底层建模设计等技术能力维度上。此外，算法公司还可扮演MaaS（Model-as-a-Service）服务提供方，将模型开源给更多外部企业进行满足业务需求的二次开发，比如Novel AI在Stability AI的开源模型Stable Diffusion的基础上，构建了“二次元”风格AI绘画工具。

Meta（原Facebook）自2022年全面进军AIGC领域。2022年7月，Meta公布了自研的文本生成图像AI模型Make–A–Scene；2022年9月，Meta紧接着推出了文本生成视频系统Make–A–Video，可以根据文本内容生成短视频，也可从图像和原视频中再生成视频（见表4–1）。

表4–1　各大技术厂商的AIGC竞争代表作

<table>
<tr><th></th><th>Open AI</th><th>Stability AI</th><th>Midjourney</th><th>Meta</th></tr>
<tr><td rowspan="6">模型</td><td>GPT系列模型</td><td rowspan="6">Stable Diffusion</td><td rowspan="6">Midjourney</td><td rowspan="6">Make–A–Scene
Make–A–Video</td></tr>
<tr><td>ChatGPT</td></tr>
<tr><td>CLIP</td></tr>
<tr><td>DALL–E2</td></tr>
<tr><td>Codex</td></tr>
<tr><td>……</td></tr>
</table>

微软作为人工智能产业的AI算法领导者之一，已在多个技术细分赛道取得了不菲成就。微软创建了智能助手Cortana，为用户提供个人AI服务体验；其搜索引擎“必应”广泛使用了AI搜索算法；Microsoft 365使用智能云服务为业务团队提供了灵活的办公体验；微软旗下Github发布了AI自动编程工具Copilot等。同

时，微软也正在尝试将AIGC方面的前沿成果与自身产品相融合，如将DALL-E2和ChatGPT接入“必应”搜索引擎，将GPT接入MS-Office全家桶等。

近年，谷歌几乎将AI技术运用在其所有的产品中，包括使用自然语言智能交互的聊天机器人Bard、使用统计机器翻译（SMT）的在线应用程序Google Translate，以及使用图像识别技术的Google Photos。此外，Google还收购了DeepMind，发布了基于AI驱动的声音程序Google Duplex和基于图像识别的在线搜索程序Google Lens。

亚马逊在其产品Alexa、Amazon Echo、Amazon Go Store中都融合了AI技术。Alexa是基于机器学习的语音识别功能，结合自然语言处理引擎与用户进行动态交互的智能语音助手；Amazon Echo是基于智能语音助手Alexa开发的智能扬声器；Amazon Go Store是应用计算机的视觉传感器和深度学习技术支持的连锁超市应用。

智能编程机器人提供商aiXcoder开放了代码生成模型的API接口，其主要目的是共享IT服务、技术能力和数据资源。2022年6月，aiXcoder宣布推出国内首个基于深度学习技术，支持方法级代码生成的智能编程模型——aiXcoder XL，该模型能同时理解人类语言和计算机编程语言，可根据自然语言描述一键生成完整的程序代码，具体包括代码编写、代码搜索和代码修复等技术任务。

百度作为拥有强大互联网基因的领先AI公司，已在多个产业领域场景打出了AIGC产品“组合拳”。2023年3月16日，百度通过“文心”大模型，融合深度学习技术框架，打造的知识增强大语言模型“文心一言”正式发布，该模型能够与人对话互动、回答问题、协助创作，帮助用户高效获取信息和知识（见图4-5）。此外，百度打造了“创作者AI助理团”，为创作者提供“AI文案助理”“AI插画助理”“AI视频制作助理”等专业创作服务；同时，百度旗下的AI作画平台“文心一格”与“视觉中国”深度合作，赋能内容创作和版权保护。

图4-5　百度新一代知识增强大语言模型“文心一言”

总体而言，海量优质的业务场景数据是AI模型精确性的关键基础保障；计算机、芯片等技术载体为AIGC提供基本的数值计算能力；机器学习、深度学习是挖掘机器智能有效数据的科学方法。无论是科技大厂还是初创企业，始终要在的最前沿科技领域保持前瞻的学术视野和敏锐的技术判断，准确把握住市场变化机遇，方能使其技术产品在差异化需求与复杂竞争中快速取胜。

探索AIGC的数字化应用

算法和模型的迭代都是为更好地服务于应用场景落地，最终体现其商业价值。伴随着AIGC算法的优化与改进，以及AIGC带来的商业模式变革，AIGC的产业落地速度和效果都远超预期。人工智能已经不再像过去那样，与硬件和系统一起打包进行业务交付，而是以越来越显性的方式产生商业价值。同时，对于普通人而言，AI也不再是一门遥不可及的高尖端技术。

基于海量数据资源和不断完善的AI算法，结合在娱乐、传媒、新闻、游戏、金融、医疗等领域对文本创作、图片生成、视频生成等方面的迫切需求，AIGC在降本增效的同时，有望提升其创作内容的产出质量，并减少有害性内容的传播。AIGC可以实现人类创意的不断激发，提升数字世界内容多样性，加速推动数字化转型落地，全面打开未来数字经济的海量成长空间。

• AIGC深度赋能高质量发展

AIGC引导技术变革，重塑数字内容的生产方式和消费模式。

随着数字经济与实体经济的融合程度不断加深，平台型互联网巨头的数字化场景纷纷向元宇宙转型，成为Web3.0内容创造的新引擎。

ChatGPT不只是技术的创新和应用的创新，其背后更是AIGC催生出的全新产业生态。ChatGPT开启付费订阅试点，正式拉开了AIGC商业化进程的帷幕，AIGC的产业生态也在加速形成和发展。AIGC在内容生产领域和相关延伸应用领域都有着广阔的前景，预计到2030年市场规模将超过万亿元人民币。

ChatGPT是我们今天看到的主要AIGC技术形态，虽然交互方式主要停留在文字层面，但给人们提供了非常大的想象空间。随着深度学习模型的不断迭代，AIGC产生的内容形式“百花齐放”，产出效果逐渐逼真直至真假难辨。只有将AIGC通用大模型的核心能力落脚到实际应用场景，做好垂直领域叠加，才能形成良性的AIGC产业生态。

当AI模型与算力的发展突破了“临界点”，AIGC对人类个体的赋能效果已经变得不容忽视。AIGC产品能够通过信息获取、格式整理、内容翻译等方式，提高个人用户的实际工作效率。像剪辑、修图软件一样，AIGC能够进一步降低大众用户的创作门槛，有助于加强数字社区的互动和发展。数字社区用户对内容的深入探讨与偏好反馈可以为AIGC模型提供优质的迭代建议，同时降低平台上内容的维护和管理成本。

数字内容的生产取决于人类的想象力、制造能力和知识水平。AIGC的快速兴起本质上看，源于深度学习技术的快速突破。AIGC通过其高通量、低门槛、高自由度的生成能力服务于素材生产者和场景创造者，满足其日益增长的数字内容需求。在应用价值层面，“数据+算力+算法”三大核心技术要素，决定了AIGC的数字内容产出质量，并引领数字经济产业的高质量发展。

“AIGC+”的任意应用情景组合，给了人们体验不同领域创作内容的机会。AIGC在数字内容创新与艺术创造传播等方面的长足发展积累，将快速辐射到其他领域，尤其是数字化程度高以及内容需求丰富的领域，如电商、影视、传媒、游戏等行业。AIGC将重塑信息的基本生成方式，成为互联网世界新的流量入口，孕育更多新颖的技术形态与商业模式，对社会价值的创造产生变革性影响（见图4-6）。

• “AIGC+电商”行业应用

ChatGPT新技术的落地为以内容创作为基础的电商平台带来了无限可能。互联网透过优质的内容传播，采取直播或短视频等手段引发用户的购买兴趣，但随着电商平台的流量红利“见顶”，企业开始通过规模化创意内容投放的方式来获取流量。短视频创意素材和内容创作进入瓶颈期，AIGC技术或为电商平台的内容创作和生产带来更多可能。

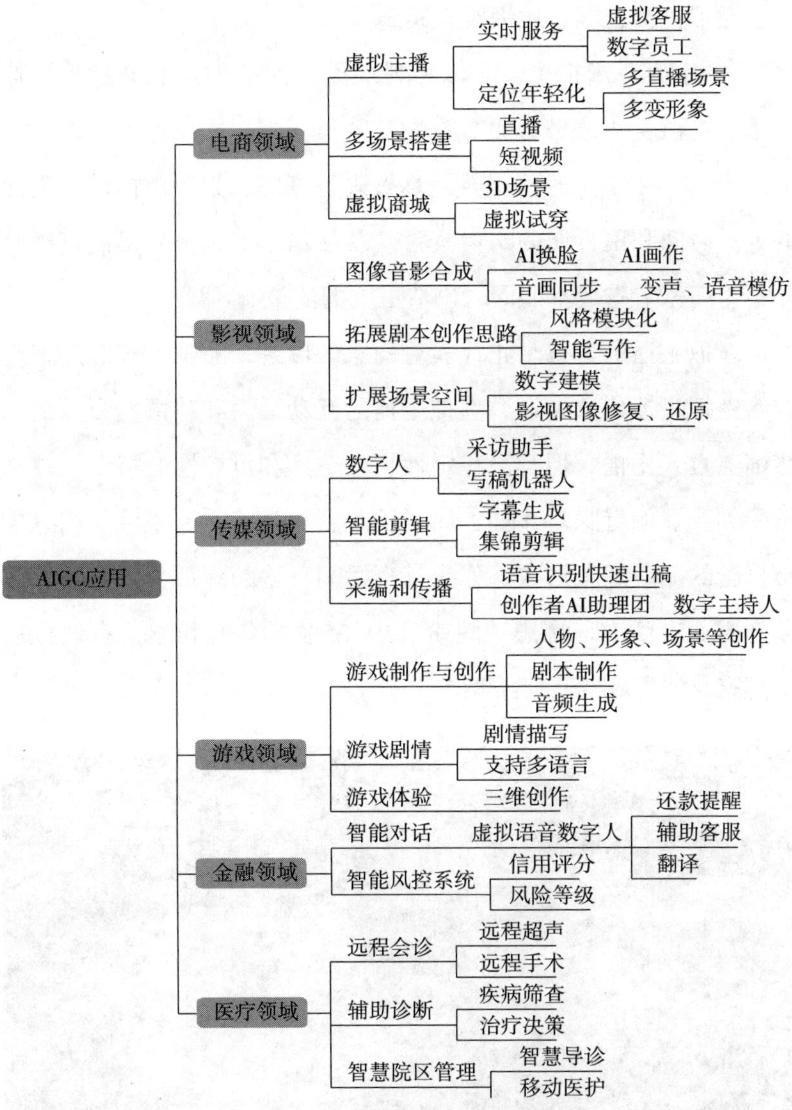

图4–6　AIGC的应用领域分类体系

虚拟主播上线，拉近观众距离

“数字人”虚拟主播可以为观众提供24小时不间断货品推荐介绍，提供实时服务，更具人性化特点。虚拟主播可配合真人主播的时间，在凌晨时间段替代真人进行直播，为用户提供更灵活的观看时间和更方便的购物体验，以及24小时无缝对接的直播服务，为商家节省成本的同时创造更大的流量。

虚拟主播的言行举止代表着商家的形象，品牌方按照品牌定位给虚拟主播建立人设，虚拟主播的互动活力和共情能力虽然无法媲美真人主播，但其高稳定性、安全性和可控性的特点，越来越受到企业的青睐。比如，屈臣氏和彩妆品牌“卡姿兰”相继推出自己的品牌虚拟形象，作为其直播间日常的虚拟主播导购，形象健康而有活力，聚焦“圈粉”19~25岁的年轻粉丝，有效拉近了商家与消费者的距离（见图4–7）。

图4–7　屈臣氏虚拟品牌代言人“屈晨曦”

随着时间的推移，虚拟数字人逐步迈入AIGC数字化产业的深水区，不仅“活跃”在直播带货场景，还在虚拟客服、数字员工等多个场景中扮演重要角色。AIGC数字人能够办理业务、销售商品、提供个性化的推荐和建议，其工作效率远超人工客服。

对话式的虚拟人可替代人类完成重复性高、规则性强的对话交流任务，提供“坐席助手”、智能调度等辅助功能，解决面对海量消费者访问时，客服资源极度紧缺的问题，与传统人工客服并肩作战。在京东言犀平台，依靠领域性大模型K-PLUG，实现了短文本和长文本的自动生成，覆盖了京东3000多个三级品类，累计生成文案30亿字，应用于京东“发现好货”频道、“搭配购”等，累计带来超过3亿元GMV。京东的虚拟主播拥有迷人的形象、媲美真人的声音，京东云言犀通过自研的3D Neural Render神经渲染器，自动合成了数字虚拟主播的面部动作细节，在人机互动中实现了“音唇”精准同步。在2022年双11期间，虚拟主播在近200百家付费品牌店铺中开播，累计带来了数百万GMV转化。

AIGC 赋能虚拟商城搭建

AIGC智能生成的3D场景，提供商品的展示和虚拟试穿等功能服务，为用户提供全景式虚拟购物现场的消费体验。3D模型形象化、生动化地实现了360° 全方位的产品展示，有效地凸显了产品的特点。同时，商户可以自主上传商品的3D模型素材，使得商品详情页上可以展示更多定制化信息，结合Sirv插件，让产品真正动了起来。超前的商品3D浏览视角，线上虚拟试穿功能，为用户提供贴近实物的沉浸式消费体验，加深用户与产品之间的互动。除此以外，Nike和Roblox合作推出了虚拟大型旗舰店Nikeland，将体育活动与各式游戏相结合，用户可以用各种Nike产品装扮自己，在“商店”里购物时处处都能看到Nike的影子。

- “AIGC+影视”行业应用

在数字时代，借助AIGC技术，趣味性图像、音视频和虚拟偶像得以自动生成，这极大激发了用户对AIGC的使用热情，加深了用户对娱乐元素的追寻以及对文化归属的渴望，同时也进一步扩展了娱乐行业的边界。

影视行业历来都是视觉技术发展的重要需求高地。从默片到台词剧，从露天银幕到IMAX 3D，从前期创作、中期拍摄到后期制作，影视制作过程中的问题屡屡暴露，不断推动影视技术的发展。目前，普遍存在的业务痛点是演员自身局限性、剧本创作固化、制作成本高昂等，亟待进行产业结构的升级。丰富的在线视频、娱乐资源与AIGC前沿技术相结合，可以进一步赋能影视行业，拓展在影视内容创意、制作效率、用户互动等方面的综合生产能力。

赋能图像与音视频合成

在图像合成方面，AI换脸和AI画作以使用简单、画作精美等特点迅速流行，极大地满足了用户的猎奇需求，这些趣味应用

“病毒式”地在网络上传播，激发了大量用户热情，受到了用户的一致好评。

在音视频生成方面，AI合成音视频动画结合多元化的呈现方式，增强了用户与虚拟偶像互动的娱乐性效果。2020年3月，用户使用腾讯优图实验室的人脸融合技术解锁了变脸玩法，用户可化身“和平精英”游戏中的人物与火箭少女101同框合影。在语音合成方面，腾讯旗下的多款游戏均已集成变声、语音模仿、自动生产短视频等AIGC功能，带来了强大的娱乐社交传播影响力。

通过人工智能合成人脸、声音等相关技术，可实现多语言影片音画同步、演员角色跨越转换、特效生成，以及高难度动作合成等，从各方面尽可能地减少因为演员自身局限对影视作品呈现效果的影响。2021年，英国公司Flawless利用可视化工具TrueSync，通过AI技术调整演员的口型，解决多语言译制片中演员口型和语言不同步的问题。

国内在此方面也在奋力追赶，如在央视纪录片《创新中国》中，央视和科大讯飞利用AIGC算法，根据纪录片的文稿素材，使用著名配音演员的声音合成了纪录片配音。除了用于合成经典声音，AI换脸技术还可以对主角人物进行替换，减少影视作品创作中因演员个人行为不当问题对影片上架产生的负面影响。

拓展剧本创作思路

AIGC协助创作者归纳整理海量剧本，并按照预设风格规模化、批量化地生产剧本，激发创作者的灵感。基于AIGC的输出成果，创作者从中再筛选出优质作品进行二次加工，拓展创作思路，该创作模式可大幅缩短创作周期，减少大量无用功。

2016年6月，美国纽约大学团队运用AI技术编写的电影剧本*Sunspring*，成功入围伦敦科幻电影48小时挑战赛十强（见图4-8）。2020年，以电影专业出名的美国查普曼大学的学生利用OpenAI大模型GPT-3完成了一项壮举——编写剧本并制作短片《律师》。

国内部分科技公司也正在积极探索并逐渐开始提供智能剧本生产相关的服务，如海马轻帆推出的智能写作功能，将已经完成的小说内容上传至“小说转剧本”的文本框中，可一键转换生成相应的剧本格式，通过理解、拆解、组合小说中的描述语言，将其重组为包含了场景、对白、动作等视听语言的剧本格式文本。

图4-8　电影*Sunspring*画面

扩展场景空间，还原音像清晰度

通过AIGC技术，可以自动获得无法实拍或拍摄成本过高的影视场景。2017年，影视剧《热血长安》根据前期大量采集的场地实景，再辅以数字特效，使用人工智能技术虚拟出剧中大量的特殊故事场景。结合针对演员表演活动的实时抠像技术，将演员动作与虚拟场景进行融合，完成原来无法实拍的高难度场景，以更低的成本完成影视剧作项目。

AI技术还能实现对影视图像的修复和还原，提升影像资料的清晰度，保障影视作品的画面质量，还原时代久远的经典作品。基于AI的图像处理系统“中影神思”，已经成功修复了《马路天使》等20世纪30年代的多部影视剧，“神思”系统在修复电影的时间和成本上也有了显著的缩减成效，电影的修复成本降低一半以上。与此同时，爱奇艺、优酷等主流媒体平台也将AI修复经典影视作品列入了未来新增长的业务拓展线条。

图4–9 《厉害了，我的国》中图像增强效果对比

• “AIGC+传媒”行业应用

2022年，随着两会时间开启，依托百度AIGC技术的数字人主播“度晓晓”正式“上岗”，成为全国两会报道中不一样的风景线（见图4-10）。2022年北京冬奥会期间，人民网、中国青年网等多家媒体通过百家号TTV技术进行内容生产，持续发布实时赛况等题材的短视频作品，单条信息播放量超70万，强有力地验证了AIGC的创新应用发展潜力。

图4–10　百度数字人“度晓晓”在传媒行业应用

AIGC作为当前最新的内容生产方式，有望带来数字营销、内容生产的价值重估，推动传媒向“智媒”转变。由于传媒行业对内容的新、快，以及差异化等需求较大，通过采访助手、写稿机器人、字幕生成等人机协同方式可有效辅助传媒工作者，深刻地改变媒体生产内容的主流方式，提高媒体人的基础工作效率，对整个传媒行业进行全面赋能。

在采编环节，语音识别技术与转写技术的诞生，帮助传媒行业迅速将采访稿以文字的形式输出，提高了新闻内容的准确性与时效性。在智能视频剪辑环节，使用视频字幕生成、视频集锦等视频智能化剪辑工具，可高效节省人力时间成本，最大化版权价值。在2022年冬奥会期间，通过使用AI智能内容生产剪辑系统，央视视频快速发布了与冬奥冰雪项目相关的视频集锦内容，实现了对体育媒体版权内容的深度开发和价值挖掘。

在传播环节，AIGC技术为社区生态注入了新活力。“创作者AI助理团”作为百度移动生态AIGC应用的先遣部队，已在百家号平台全面上线，推出了AI作画、图文转视频、数字主持人等诸多功能，为创作者提供更多场景的应用体验。中国青年报和中国青年网官方短视频品牌“青蜂侠”，率先推出了数字主持人“青小霞”，实现了“数字主持人自由”。“青小霞”能高度复刻真人主播的声音及表情动作，实现高质高量的内容生产和播报效率，以及更具人文关怀、科技创新力和社会价值的内容传播形式。

• “AIGC+游戏”行业应用

当前，游戏行业的增速已经逐渐减缓，其背后包括人口红利见顶、开发成本高昂、开发时间过长，以及创新能力不足等多方面的原因。

具体来看，游戏行业的研发成本混合内容制作成本逐年高涨，内容优质、元素丰富的大型游戏直接与高昂的制作成本挂钩，产品持续开发的成本压力导致游戏创作的门槛变高。对品质较高、内容宏大的3A游戏和开放世界类游戏，存在巨量的内容生产要求，同时游戏的文案创作也十分困难。

在管理方面，游戏开发团队的规模过大，成员职能分工复杂，涉及3种职位20多个职能，游戏开发流程还是主要依靠人工，很多环节还存在瓶颈，使得品类创新的工作难以高效开展。目前技术方面的瓶颈极大阻碍了游戏产品品类的创新，例如，美术等环节存在创新匮乏、同质化严重等问题；游戏研发对于文本、美术、音视频内容的大规模生成、巨量算法的建模，以及智能互动效果等方面均提出了更高的要求。降本与创新对于游戏行业的未来发展至关重要。AIGC对虚拟空间广阔、用户数量众多的游戏领域是天然的适用场景，相应地，游戏行业也是AIGC最重要的商业化落地方向之一。面对游戏产品复杂的制作环节，AIGC能够充分发挥其独特的技术优势，对包括音频、视频、文本、3D、编辑器等多生产环节进行相应的制作过程优化，为游戏行业的繁荣注入更多活力，提供更多想象空间。

渗透游戏制作流程，降低创作的门槛

AIGC渗透到游戏制作环节，不仅可以降低制作成本，提升创作质量，提高生产效率，还可以试图打破该行业“高质量–低成本–短时间”的特殊要求壁垒。具体来说，凭借生成海量数据的能力加上生成式AI技术的不断渗透，在未来，游戏中的剧本、人物、形象、场景、配音、动作、特效等创作形式都可以通过算法自动生成，有望创造出更新奇的游戏类型，持续改进游戏服务机制，不断提高玩家的参与度，创造出更加身临其境和逼真的感官体验。

AIGC能够非常迅速地帮助游戏设计师探索概念和想法，以产生概念图像，降低艺术创作门槛，实现大批量、低成本、高精度的游戏制作内容和图像。目前Midjourney、DALL–E2、Stable Diffusion等AIGC 工具，可以实现从文本中生成高质量的2D图片，将其运用到游戏中塑造游戏人物角色、道具及场景。例如，初创公司Scenario就通过对Stable Diffusion模型进行微调，制作出了高品质的游戏美术素材。

AIGC生成的音频对游戏人物、场景的效果加成，可以使游戏剧情更加生动，使得玩家更容易沉浸于游戏体验中。AIGC可根据游戏里设定的参数进行声音模拟，例如针对不同的角色形象、走路姿势、场景，都会自动地产生合适的声音效果。目前，Soundful、Musico、Aiva等公司正在尝试运用人工智能技术创造音乐，更好地实现互动配乐的模式。

助力生成游戏剧情，提升游戏体验感

AIGC的文字生成功能能够塑造和传统3A游戏完全不同的

全新叙事体验，提高故事的互动性。使用以AIGC相关技术作为技术内核的图形化叙事游戏平台Hidden Door，每个玩家都可以用AI引擎协助构建完整的游戏叙事，创造出更加沉浸式的故事体验。

Quantum Engine是由游戏公司Cyber Manufacture于2023年1月发布的最新AIGC技术预览，与ChatGPT的功能相似，能够与用户进行流畅的对话交流。更加特殊的是，Quantum Engine的对话功能在游戏领域中可以充当NPC角色。只要给Quantum Engine提供一个剧本，用户就可以通过英语、中文等多种语言，与AI进行实时的游戏剧情互动，Quantum Engine会根据剧本内容进行逼真的角色扮演，它的回答会随着用户的表达方式和语气的差异随机改变，在剧情推进方面为用户带来了极强的情绪价值。

创造全新玩法和体验，内容质量显著提升

长期来看，在AIGC工具的帮助下，未来有望实现更多的游戏玩法和全新的游戏体验。以微软的《模拟飞行》为例，通过与blackshark.ai合作，可以训练人工智能算法模型实现从二维卫星图像生成一个逼真的三维世界，其场景非常壮观，使玩家能够真实感受到围绕整个地球飞行的特殊体验（见图4-11）。未来，《模拟飞行》这种超大型世界观精品化游戏的供给或将大幅增长，这类游戏本身在产业的话语权也将进一步提升，游戏行业的供给将逐渐呈现“百花齐放”的盛况。

图4–11 《模拟飞行》游戏中的三维世界

此外，基于AIGC，可以用较小的人工成本实现代码开发效率的快速提升。以GitHub Copilot为例，该工具通过AI技术能够根据项目的上下文和风格约定自动补齐代码，帮助开发人员更快地编写。对于游戏产品中每个技术模块的编写，AIGC可通过其代码自动生成功能，让开发人员显著提高开发效率，从而系统性地加快游戏产品的迭代更新速度。

游戏玩法类型的创新得益于技术的飞速进步，AIGC在游戏的制作环节将带来突破性的变革，未来在AIGC的驱动之下，游戏行业将迎来新一轮的创新性产品爆发。

• “AIGC+金融”行业应用

ChatGPT的大火，让金融行业开始重新审视AIGC的价值所在。此前，国内已有不少机构或多或少涉足了AIGC的应用，比如网商银行的百灵系统，通过AI信贷员与用户交谈，依据用户提供的发票、账单、合同、门口照等资料，经过风控系统判断是否给用户增加信贷额度。浦发银行此前也曾推出过基于AI技术的“虚拟数字人”应用，将其作为数字化转型的重要布局。

通过“信息+算力+算法+场景”的多重叠加效应，在银行系统中广泛使用的智能语音机器人可支持多轮精准交互回答，辅助银行客服开展信用卡推广、理财营销、客户回访等工作。语音机器人强大的语音识别模型能识别多国语言以及全国多种方言，将用户输入自动翻译成机器可理解的文本内容，并迅速向客户做出相应反馈。此外，智能语音系统还设有可视化配置界面，实现银行端实时的话术修改或调整，进一步优化了金融机构的运营成本。

此外，银行也会根据信用卡客户的信用评分和风险等级，制定不同的还款提醒策略，以及关系到技术与业务场景的还款提醒话术，确保人工智能产品深度嵌入银行基线业务的实际效果。近期，邮储银行、泰康保险、广发证券、鹏华基金等多家机构宣布接入号称中国版ChatGPT的百度“文心一言”，将集成“文心一言”的自然语音交互能力，推进智能对话产品在金融场景的完美应用。

• “AIGC+医疗”行业应用

ChatGPT轻松通过了美国执业医师资格考试的事件，让AIGC在医疗界的应用引发了极大的关注和热度。AIGC借助数字化转型浪潮，整合机构内外关键的医疗知识资源，为医疗工作者提供更具价值的辅助决策信息。例如，平安健康旗下打造的AskBob医生网站，基于4000万医学文献、20万药品说明书，以及2万临床指南等中英文医疗知识图谱，融合深度学习算法模型，为医生提供个性化的精准诊疗推荐和辅助决策服务。

AIGC数字人在医疗领域的应用场景同样十分广泛，其具体应用场景主要有远程会诊、远程超声、远程手术、应急救援等远程医疗应用；疾病筛查、辅助诊断、治疗决策等医疗辅助手段；以及智慧导诊、移动医护、智慧院区管理等。

例如，AIGC数字人可以模拟真实世界中的病人，提出各种各样的症状和问题，让医生进行诊断和治疗。医生通过与AIGC数字人持续进行交流，不断训练它们的专业技能和业务知识，帮助医生更好地提升临床诊疗能力和综合服务水平；AIGC数字人可以为病人提供咨询和教育，帮助病人更好地了解自身疾病，自动生成有针对性的治疗方案；AIGC数字人还可以协助医生进行病理学的分析和诊断，提高诊断的准确率和效率。除此以外，基于AIGC技术，还能够根据病人的患病情况和临床诊疗信息等大数据特征构造出个性化、标签化的用户模型，即准确刻画病人的精准画像。医生通过病人的画像可以快速、准确地研判病情，进一步为患者制定出有针对性的用药方案和治疗方案。

电商、影视、传媒、游戏、金融、医疗等各行业进一步向数字化推进，都离不开AIGC技术的蓬勃发展和加速落地。从整体来看，AIGC技术已经开始深入融合到人们生活中的每个角落，通过各种新颖的产品模式和商业模式，加速渗透到现代经济社会的方方面面。

第五章

危机与反思：辅助而非替代

AIGC颠覆性创新性的技术革新不仅带来了生产力飞跃，也给行业输入了新鲜血液，但其兼具的规则破坏性也给就业市场带来了震荡，给人类带来了“被替代”的危机感。当下，“打工人”将要被取代的话题广泛地引发了人工智能技术与人类关系的思考，这一争议性的讨论同时也延伸到了教育和伦理方面。AIGC是人类用来改造世界的技术手段，是辅助人类生产的工具，而不是对人类的替代。只有AIGC被合理用于帮助人类解决问题时，才能做到真正解放人力，更好地发挥主动性和创造性。人与AIGC的关系是相辅相成、相互补充的，不应是排斥和完全替代的关系。AIGC是工具的进化，也是人类自身的进化。

时代焦虑：人工智能与“打工人”

当下，人工智能早在不知不觉中深度融入人类的日常生活中。只要一句话，人们就能简单方便地操纵手机语音助理、“清洁工”扫地机器人，以及兼具陪伴功能的电子宠物机器人，享受“智能家控”系统的全方位守护。生活中，很多事无巨细的事项都能由人工智能负责处理，人类在享受着便利的同时，也时常会因它们的聪明和强大而感到担忧和焦虑。

不知你有没有遇到过这样的情景，仅仅是脑子里想了想，和朋友聊天说了几句话，电子设备好像就能捕捉到你的想法。有时候我们都无须说出来或是去搜索，相关的信息就已精准地推送到你面前，人工智能似乎比你自己更懂你。网络数据时代，过分的“智能”很容易让人产生一种被监视甚至是被操纵的感觉，人们似乎正在失去个人隐私，走向透明。这种渗透生活的超能力就是人工智能带给我们恐惧的来源。

更进一步，AIGC是人工智能的又一次进化迭代，虽然给人类带来更智能、轻松、便捷的生活，但其出色的创作能力如“海啸”一般撼动了人类在劳动力市场的地位。人类开始思考：未来AIGC是否会将人类赶入一片“栖息地”，人类文明会不会被人工智能超越，直至消失？人工智能快速发展的时代，AIGC能否替代真正的创作者？AIGC的出现是否意味着人工智能的发展进入“奇点”？这场人类与人工智能的淘汰赛，谁才会是最后的赢家？

• AIGC是“助手”而非“对手”

ChatGPT出现后，在惊叹其技术魅力的同时，人类很快发出了“还能这样”“我该怎么办”“我会不会被取代”的声音。人类与人工智能的关系是复杂的、矛盾的。人类创造人工智能的初衷是希望人工智能可以代替人工，解放生产力，但却不希望被取代的人是自己。人们希望人工智能可以替人类“办事”，又担忧人类自己的主宰地位被威胁。从几年前的人工智能的“替代威胁论”，升级到现阶段ChatGPT和AIGC会否取代众多岗位导致大规模的人口失业？哪些行业和岗位首当其冲？这些集科学和人文伦理于一体的复杂问题，不断反复地被提及议论。这种担忧不无道理，人工智能的突破确实让许多工作岗位变得岌岌可危。对于早期的人工智能“替代威胁论”，剑桥大学教授卡尔·本尼迪克特和迈克尔·奥斯本曾经通过机器人专家软件列出了被人工智能取代概率超过50%的职业，包括客服、保安、工人、厨师等当下主流行业。这些职业多是工作内容重复性较大，或是所涉及的信息是可以通过技术捕捉、识别、处理和分析的职业，不存在技术壁垒。技术性失业的威胁迫在眉睫。

如果说，过去人们对人工智能“替代威胁论”是有所保留的担忧，那么在当前ChatGPT和AIGC的冲击下，这类担忧正逐渐转为现实。ChatGPT的理解能力已经达到了相当高的水平，比如一些“弯弯绕绕”的委婉表述，它也可以“无障碍”地准确理解，并且给出合乎常识或价值观的回答。随着以ChatGPT为代表的AIGC技术在短期内大规模的商业化落地，以及对各行业的全面渗透，在大幅度提高生产力和生产效率的同时，也给就业市场带来了巨大震荡。

根据报告预测，未来10到20年，被人工智能替代的就业岗位将上升至47%。预计到2055年，人工智能基于其自动化的业务能力特征或将取代全球49%的工作。

以制造业为例，全球雇员数量前十的某大型生产企业，于2019年使用了超过4万台机器人取代人工，其将在未来10年内用机器人取代80%的人工，这意味着80万人即将面临失业。

目前，很多制造业企业正在加速建设智慧工厂，实现制造流水线的高度自动化产能，一整条流水线可能仅需一两名管理人员。

以客服行业为例，只要输入的相关问题和解决方案的案例足够多，ChatGPT就能按照人类的意图引导客服对话，做到深度理解上下文语义内涵，给予亲切耐心的回复。智能客服不仅比人工客服的运营成本更低，还能避免人工客服在服务中因个人情绪引起的主观回答和冒犯性的对待。此外，基于AIGC的智能客服还可以保持24小时持续在线，有效缓解人工客服不能在非工作时间段接线的“糟糕体验”。

人工智能确实取代了基础性的，人类不愿意从事的艰苦、枯燥、繁重的工作。不过，具有思想性的、内涵性的、研判性的工作其实很难被人工智能技术所替代。以速记员的工作为例，当前很多智能设备可以通过自然语言处理技术的和语音识别技术，快速将语音信号转变成文字形式的信息，但是对于转换后信息的分析和深度解读，机器就无能为力了。在法律系统的工作中，ChatGPT可以审阅撰写的诉状，对卷宗简要分类，做一些简单的体力劳动，但不能替代法官做更多判断。在新闻传媒行业中，AIGC可以辅助记者快速凝练材料，撰写、修改稿件，但机器始终无法感同身受、追求真相、主动挖掘事件背后的线索故事，并延伸出对所报道事件的思考和理解。

AIGC和ChatGPT确实可以解决一些实际工作中的问题，包括从已有的数据中做总结和学习，解决已发生过的问题，更多的是为工作流程提供“方便”，而不是独立地创造出新的事物、总结事物内在的规律，以及解释世界。即便机器有能力替代人类完成更复杂的工作任务，也不能对情感有真正的理解。人之所以为人，最本质的区别就在于具备情感能力和深度思考的能力，这些都是人工智能难以达到的技术高度。

科学技术的发明创造及其在社会上的各种应用，最初目的仅是为部分地减轻人类的劳动负担，而不是让人类大规模地失业。但确实需要思考的是，人类在所从事的职业中发挥的不可替代作用是什么。AIGC究竟是“抢饭碗”还是“造饭碗”？

不可否认，AIGC正逐步渗透到越来越多的生活场景，美图照片、直播、短视频等，随处可见AIGC的痕迹，AIGC也为数字内容生态注入了新鲜血液。AIGC的价值确实在部分领域足以做到“乱真”的地步。比如，AIGC作为文本智能编辑工具，是一个“阅万卷书”的小助手，帮助收集资料、生成多篇文章内容的总结和归纳以供参考。此外，AIGC的作画能力，已经替代了部分插画师的工作，可根据需求快速生成目标画作。值得说明的是，很多自媒体创作者已经在使用AI绘画的作品替代无版权图片作为内容的封面。其中，ChatGPT可以通过对大量语料学习，翻译各种文档、文章和网页等资料，并具有非常高的翻译精度，其还可以助力文本自动生成PPT，进行代码构建（见图5-1）。

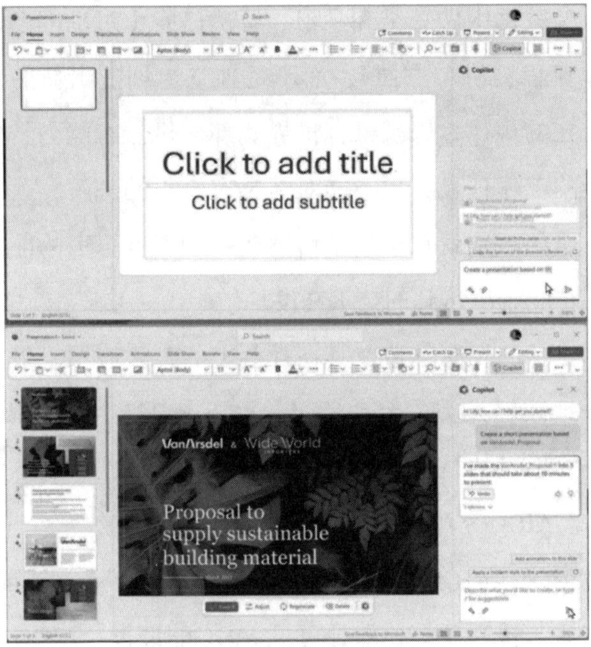

图5-1　基于AIGC技术自动生成PPT报告

但对于真正需要“创造”的场景，AIGC只能望洋兴叹。AIGC是基于以往已发生的规律和解决过的情景才能做出相对应的措施，如果事件从未发生，AIGC的算法能力就会表现得差强人意。例如对于现阶段运用在新闻传媒业务的新闻通稿，AIGC可以输出格式与风格一致的“模仿”作品，但在观点、态度、思想，以及难以预知的问题和场景上，都无法进行可靠的内容生产创造。

尽管ChatGPT偶尔也会给出精妙的回答，DALL-E2经常会生成令人拍案叫绝的画作，但这些内容本质上都是“似曾相识”

的，有创作过的作品可以参考。AI更擅长模仿，这还不能体现足够多的“智慧”。

科技的创新或许会替代部分传统岗位，但不会让人类遭遇大面积的失业。因为当新的技术进入到生活中，人们必然会产生新的需求，新的岗位也会随着新需求应运而生。举个假想中的例子说明，假设因为人工智能的发展，高铁全部改成由人工智能控制，人工智能代替驾驶员和服务人员，一班高铁仅保留一名管理人员应对个别特殊情况。火车站也改为由人工智能接替调度员、控制员。那么，接下来将出现什么情况呢？

工作人员被人工智能替代，削减了高铁运营中大量的人工开支和管理费用，运营成本有效降低，在竞争的压力下，高铁的售价就会降低。高铁价格降低后，出行需求就会上升，从而带动旅游周边产业的发展及就业。另外，当高铁需求和收益增加时，相应的要求更多的动车投入、基础建设、运力和线路开发等，这些都将带动相关产业的发展，包括大宗商品、零部件制造、人工智能软硬件、铁路设施、物流公司、旅游业等数十个甚至数百个行业。这些行业的扩大投入也都会增加更多劳动力就业机会。当人类开始发展人工智能，把劳动力从繁重的工作中解放出来时，虽然会淘汰很多简单重复的劳动，但是也会带动更符合人类社会需求的相关行业发展。技术发明的目的不是替代劳动，而是优化劳动力结构。

网上购物兴起之初，许多线下实体店纷纷倒闭，导致部分实体店员工失业，当人们开始质疑经济是否会倒退时，不可胜数的网店开办了起来，同时促进了物流行业欣欣向荣的发展，造就了电商行业的辉煌，增加了社会财富。电商行业的成功创造了更多的就业机会，包括电商主播、电商运营人员，以及快递员等。

技术的进步，特别是重大技术进步，应是为人类创造更多的机会，而不是制约人类更好的发展。AIGC的出现也是一样，会让人们从重复性的工作中解脱出来，拥有更多自由支配的时间。在自由时间里，人们可以把新的想法和“天马行空”的创意继续投入未来技术创新和商业创新中，推动社会的不断发展和进步。

因此就目前来说，我们还不需要过分担忧AI发展以及AIGC普及引发的失业问题，在技术进步的进程中，必然会出现更多“新工种”供人们重新选择。

• AIGC的大规模替代，言之为时尚早

人工智能是为了代替重复的机械劳动，或者完成重复且大规模的计算任务而出现的。虽然AIGC在文本、绘画、编程等领域的创造能力发挥出色，并且已经形成了部分机器代替人力的局面，甚至造成了一小部分人的失业。然而，人工智能尚做不到与人类感同身受，深度创新能力几乎为零，创作的内容在情感程度上也偏弱。AIGC技术对于依赖科学研究和批判性思维能力的工作，总体影响程度更小。

人工智能并不存在大规模的、完全的职业岗位替代，而是改

变了传统的工作方式，转变了原有的分工形式。其中，人类主要负责创造性比例大、技术含量等级较高的工作内容；而AI机器则完成它们擅长的常规性、重复性、结构化程度高、计算特征强的基础感知任务以及浅层分析类工作。AIGC推动创造力就业需求提升的同时，也会加速生产活动中低端劳动力的“去技能化”趋势，将规律性、规则性的工作逐渐驱离当前就业市场，同时，更依赖人类思维创新的工作将得到发展。

虚拟主播作为当下电商行业炙手可热的技术产品形态，所创造的内容价值是其背后前沿数据科学技术更新迭代的直观映射。基于图像识别、动作捕捉、智能交互、语音合成等多重AI技术融合打造出的具有精细面部表情的虚拟主播，展示出和真实世界人类主播完全不同风格的直播表现，不仅可以配合游戏互动、连麦直播、带货讲解、24小时在线，其低成本、全覆盖的传播效果也十分明显。

但这些功能只是虚拟主播的起点，随着人们对虚拟主播的热度退去，其技术上的缺点将逐渐凸显放大。例如，纯算法和数据驱动的AI虚拟主播交互性较弱，对于观众的具体提问和询问只能做预设好的简单回答，更多问题解答和引导下单能力都不如真人主播的“随机应变”。

实际上，业界较早出现的虚拟偶像“洛天依”，在微博上仅有537.8万粉丝，依然无法与当下顶流明星、红人的粉丝数量规模相比。2022年5月，“洛天依”开始了首场直播带货秀，有300

多万人观看、200多万人打赏，这个数据与真人主播的带货战绩还有一定的距离（见图5–2）。截至本书出版，在小红书带货的数字艺术策展人AYAYI，只有第一条笔记的“点赞量”超过了10万，剩下的笔记“点赞量”都只有寥寥几百，小红书的粉丝数量也仅为12.7万，只能算是腰部KOL。

图5–2　虚拟偶像“洛天依”亮相直播间

从所塑造的场景感官效果看，虚拟偶像带货的战绩和用户体验仍有待提高。部分虚拟偶像在带货试穿服装时，往往会借助虚拟场景进行变装，但此举无法给消费者提供身临其境的量化参考，和真人试穿效果对比，很难引起消费者的共鸣。虚拟偶像带货化妆品，更难达到“上脸测试”的验证效果，只能依靠语言讲解和展示的单一方式，因此消费者质疑产品质量的情况在所难免。基于此，大部分品牌通常会选择在凌晨后的冷门时段才开始投放虚拟主播宣传。

从人文角度来看，AIGC当前的现状是缺少真正优质、具有独创性的爆款内容。AI作画的细节禁不起推敲，画面也缺少质感，没有真实艺术家独有的细腻的情感、笔触和画风；虚拟AI助手“度晓晓”写出的文章也曾被网友认为是辞藻堆砌，缺乏真情实感。这些缺陷在短期内很难通过算法优化弥补。

不少深度“尝鲜”AIGC技术的用户评论，现阶段的AIGC还不够灵活，其功能只能替代人类简单的、重复的，已有经验的活动，难以凸显出令人信服的创造性和推理能力。“纸上谈兵易，躬行践履难”。在科技与内容之间，内容是发自于人内心的产物，解决人心焦虑的同时还需要“人文精神”的滋养，技术手段可以打开物质世界，但却需要通过探索人类内心世界才能获得有价值的内容输出。人工智能是由人类创造的，但当下还不完全拥有人类的独特品质。

技术上，可以把人类的情感输入机器系统中，通过大数据和人工智能算法筛选观点、判断情绪，以及进行选择性的交流。但人类有自身独特的情感属性，有对世间事物的丰富感知能力，有喜、怒、哀、乐的复杂情绪，有人与人之间的爱恨情感纠缠和人类社会特有的公序良俗与法律约束。这些特质都是当前人工智能技术望尘莫及的。

人类具有AIGC难以企及的丰富想象力。即使把全世界的文字、绘画作品、案例等真实世界已发生的历史数据统统输入到数据模型中学习，即便AIGC能检索出所有高质量的文艺作品，也无法企及人类的思维和想象高度，构建出伟大的文化瑰宝，如国内经典文学巨作《西游记》《红楼梦》，风靡全球的奇幻小说《爱丽丝漫游奇境》《哈利·波特》，梵高、莫奈的经典创世画作……创新思维本是世界上没有的，是人类通过不断的思考、凝练、总结，最终提取创造出来的新产物。人类有自己独立的思维，才会创造更好的生活。人类智能是智慧与能力的结合，是复杂的精神活动，是人类运用知识和经验学习新知识并且运用知识解决问题的能力，比如人类能够去探索宇宙，人类能够研发ChatGPT。就目前的技术发展程度看，人类可以创造机器，但是机器很难反过来创造人。

• AIGC催生新机遇、新职业

霍金在2017年北京互联网大会上提出："强大的人工智能的崛起，要么是人类历史上最好的事情，要么是最糟糕的事情。是好是坏，我们尚不能确定。人工智能的发展，本身是一种存在着问题的趋势，我们应该竭尽所能，确保其未来发展对我们的后代和环境有利"。AIGC的确正在与各行各业进行深度融合。在电商领域，AIGC推进了虚实并存的虚拟主播，升级消费者沉浸式购物体验感；在影视领域，AIGC拓展了创作空间，促进了音画协同和复原技术的发展，显著提升了影视作品的产能和综合品质；在传媒领域，AIGC可以辅助实现人机协同，快速合成新闻素材，提高产业效率，推动新媒体数字化转型；在游戏领域，AIGC扩展辐射边界和创作场景，融合3D技术提供发展动能；在制造、金融、医疗、贸易等更多领域，AIGC助力加速产业全面升级。

诚然，AIGC正在试图重塑内容生态，但AIGC在发展过程中面临着诸多问题，相关企业技术不够成熟、创新能力有待突破、算法容易被干扰、版权归属存在争议……这些都在一定程度上阻碍了AIGC快速扩张的步伐。

人类已经意识到以AIGC为代表的人工智能可能给人类带来威胁，但AIGC给企业和用户个人带来的益处也不能完全忽视，全盘否定。我们需要用审慎的、辩证的目光去看待AIGC的普及，在享受其提供生活便利、生产赋能的同时，找到人类与人工智能相处的平衡点，获得和睦互促的共生模式。

可以确定的是，ChatGPT等人工智能一定会对人类的工作方式、就业形势产生显著的影响与冲击，对整个经济社会的生产方式、消费模式引起重大变革。要想在AIGC引领的全新数字化、智能化时代立足，就要向行业的高端处攀登。当你的身边除了人类还有机器和你一起“卷”的时候，重复性的工作行业已经没有机会了。对于当代“打工人”来说，只有主动挑战具有难度的任务，才能在未来获得更有价值的生存空间。人们不必过度担忧，但要提前准备好迎接未来的更大时代变化。我们要学会和机器打交道，取长补短，提升逻辑思考能力和技术创新能力。

在AIGC加速的产业数字化大背景下，催生了一系列新的职业需求，这也是未来人们用信息技术主动拥抱机会和挑战的热门领域：

AR影像领域相关职业

AR技术是指增强现实技术，可以使用户在虚拟的情况下体验到现实感的场景。随着人工智能和5G技术不断发展和普及，AR也将成为人们茶余饭后的娱乐项目。人们可以通过虚拟环境来体验身临其境的游戏快感，随着AR项目和应用场景的井喷爆发，AR领域将需要大量的构架师和开发人员。

医疗设备辅助相关职业

在未来，随着人工智能不断地发展，在人工智能算法和设备的技术决策能力基础上，只需要把患者的病情输入到机器中，机器就可以显示出病人的诊断结果并且做出科学的解释。操作机器设备的辅助人员，可能只需要专业的护理水平就能给病患诊疗。因此未来，关于AI医疗设备的辅助人员将开启大量的人才需求缺口。

大数据分析相关职业

“数据侦探”职业将会是一个全新的职业，主要的工作内容是通过人工智能设备进行大数据分析，为企业、机构提供数据挖掘和运营决策服务。尽管AI算法可以解决越来越复杂的业务问题，但仍需要在专家的智慧与经验的操控下，才能更为有效地迸发出强大的潜能。未来，构建AI应用、使用AI应用，以及基于

AIGC平台进行高质量内容创作的产业将亟须大量人才。

顺应时代发展的潮流，面对以AIGC为代表的AI技术竞争压力及其对就业市场的影响，劳动力资源将转移到新兴产业领域或找到其他适合的工作机遇。对于企业而言，可以发挥人工智能优势，通过采用自动化技术优化业务流程，增加员工职业技能培训和扩展学习的机会，减少技术性失业风险的可能。至于劳动者个人，要有危机意识，持续学习、终身学习，掌握灵活运用知识能力，提升阅读理解能力，不断获取数字化时代的新知识、新技能，以适应人工智能发展所带来的行业变化，更好地适应就业市场的新需要。

人工智能的发展为全球经济带来了新的增长点，机器可以承担日常、乏味、危险、污秽的工作内容，让人类有更充分的时间发挥天赋，为劳动力向高价值产业转移创造充分外部条件。人工智能的计算速度的确快人一筹，但要想让机器更有效地发挥产业应用价值，必须与人类和谐相处、优势互补、促进协同，实现人类智慧与机器智能的共同进化成长。

何谓学习：AIGC的教育启示

随着ChatGPT的出现，学生很快成为最早的体验群体之一，当前，接近89%的美国大学生都曾使用ChatGPT完成作业，53%

的学生借助ChatGPT辅助论文撰写，48%的学生在ChatGPT的配合下完成测试。

近期，美国北密歇根大学的一名学生使用ChatGPT生成的哲学课小论文惊艳了教授，获得了全班最高分。ChatGPT像真正的学霸一样，还通过了一系列有难度的教育考试。其中，ChatGPT通过了谷歌编码三级工程师的面试，成功拿下年薪18.3万美元的工程师工作；通过了美国执业医师资格考试（USMLE）；还通过了美国沃顿商学院MBA学科考试，提供的解决方案取得了优秀等级。

利用ChatGPT撰写论文、完成作业这件事，对教育体系的观念冲击无疑是很大的，引起了教育界的争论和恐慌。学术诚信、版权和著作等极具争议性的话题，将人工智能再一次推上风口浪尖。全球很多院校开始陆续采取反制ChatGPT的措施。美国纽约市已制定政策禁止ChatGPT类似的技术在校园中使用。法国巴黎政治大学宣布“禁止学生使用ChatGPT完成作业和论文，违禁学生将会面临开除的处罚”。但对于ChatGPT，一禁了之是否可行呢？

有关ChatGPT对教育的影响，人们持有积极和消极两种截然不同的态度。持消极态度的悲观者认为，教育行业未来迷茫，人工智能将扰乱教育秩序，让教育工作本身变得毫无意义；乐观积极的一派则认为，ChatGPT可以赋能教育活动，另外，以ChatGPT为代表的AIGC工具与其他人工智能技术成果一样，带来的是挑战和机遇并存的产业新格局，是教育工作的划时代转型机遇。

人们不应单纯将人工智能视为威胁，要“去其糟粕，取其精华”，将先进的技术工具融合进传统教育工作中，让AIGC成为潜力无限的教育辅助工具。在人工智能时代，我们要反思未来到底什么才是我们需要的教育成绩？

• AI皇冠上的明珠：人工智能教育

教育是立国之本，重中之重，教育与整个社会、产业都紧密相关，现阶段的教育正在向信息文明时代迈进。当前的教育正处于由感知时代向认知时代的过渡，从工业文明时代的教育向人工智能时代的教育快速转变。

数据质量和规模的提升、多元学习方式的并存，以及弱化人为干预的学习方法，将成为人工智能技术对教育行业的赋能的关键影响因素。

人工智能与教育产业的结合，已经发展了二十多年，期间主要跨越了四个阶段：

起步阶段

1988年，蒙特利尔大学组织了第一届智能教学系统国际会议，被认为是人工智能在教育领域发展的第一次重要节点，预示着人工智能在教育产业将开启新蓝图。1993年，英国爱丁堡举行第一届人工智能教育国际会议，人工智能教育正式进入起步阶段。

赋能阶段

20世纪初，Knewton、Realizelt等“智适应”教育企业纷纷成立，人工智能被逐渐应用在实际教育产业活动中。2010年前后，国内的“智适应”教育企业逐渐兴起，至2016年，众多知名教育机构及资本市场开始大力投入“智适应”教育领域。

相对来说，教育行业是人工智能技术应用较晚的产业方向，因此随着成熟的人工智能技术迁移到教育领域，在短期内迅速得到了广泛应用。教育产业的智能产品基于语音识别、图像识别等技术，衍生出了“口语测评”“拍照搜题”等多样性的新功能形态。

应用发展阶段

“智适应”教育的市场格局基本趋于稳定，形成了各方鼎力的格局，AI技术更深度地在教育领域渗透。AI与大数据、AI与云计算的融合，让人工智能教育产品不再局限于单一方向的应用，逐渐衍生出了AI虚拟教师、AI助教、AI互动课程等更高阶的教育服务产品。有效地辅助教育教学、教学管理工作，减少学习者、教学者，以及管理者花费在重复性工作上的时间，并提高其学习效率或教学效率。此时，人工智能教育市场已具备较完整的产业链分工，整体进入发展快车道。

价值创造阶段

该阶段是人工智能教育发展阶段的蓬勃时期，革新的教学理念和方法的涌现，更高级知识认知体系的形成与成熟化。教育产品的目标开始逐步触及学习者如何更高效学习知识。2022年初，“教育数字化战略行动”一词出现在教育部文件中，发出了我国教育数字化转型动员令。数字教育已成为推动全世界教育体系变革的重要驱动力量。教育的首要目标已变成培养能独立思考和有正确价值观的学生，而不再是为了获取特定的知识。ChatGPT有帮助学生做作业、代写论文的“前科”，因此人们担心该技术可能对未来教育产生影响。然而，ChatGPT也能够基于对海量文本的查询分析，生成类人的响应，可作为“高级”的学习工具协同促进学习效果，推动教育方法的创新与改革（见图5-3）。

图5-3　人工智能助力教育产业变革

ChatGPT对教育最大的挑战之一，是对传统教学方法的转变。基于人工智能所打造的智慧课堂和智慧校园，从教学形式到学生的课堂体验上，更突出个性化、情境化和精准化的特征。人工智能语音识别、视频识别、语义分析、虚拟现实、增强现实等众多领域的智能化技术，是实现教育、教学创新的重要且有效的技术手段。将AI技术融合到教学中，不仅丰富了教学资源的表现形式，更重要的是能够打破时间和空间的局限，帮助学生轻松获得对现实世界更全面、更真切的感受和体验，进而形成深层次的认知能力。

在人工智能技术塑造的学习环境下，教师的教学内容从书本知识拓展到整个世界，科学地引导学生主动、按需地找到适合个体发展特点的方式进行学习；教师同学生一起运用数字化工具探索知识和未知的世界，学生不再是简单地理解、被动吸收知识，而是在学习中利用数字化工具与资源进行知识的探究和转化，形成自主学习和解决实际问题的综合能力。

人工智能生成的内容可以加强赋予教育更多新活力。以ChatGPT为代表的AIGC为教育工作者提供了更新的教学辅助工具，将原本抽象化、平面化的书本知识转为具体化、形象化的“真实”形态，以更加生动的方式传递知识。

ChatGPT可以通过语音和文字两种方式与学生进行交互，为学生提供更加便捷的学习途径。具有视力障碍的学生可以通过语音的方式与ChatGPT进行沟通和学习，而具有听力障碍的学生则可以通过文字信息的交互完成学习任务；农村地区的教育资源相对匮乏，ChatGPT相关应用的广泛覆盖，可为农村地区的学生提供更加便捷、智能的学习途径，让学生随时随地与“虚拟教师”进行交流，获得有价值的指导，享受到更优质的教育资源。这种基于AIGC技术的教学方式，有效地增加了学生的学习机会，促进解决了教育公平的问题。

当然，人工智能技术还不能完全取代教师“传道授业”的作用，因为教师的作用不仅仅是讲授和教学，还需要具有高阶意识，对教学资源、内容和方式联合研判，挑选适合学生个性化特征的教学手段。人工智能技术的关键，是协助教师从烦琐的日常事务中解放双手，更专注于思考如何规划活动和提升教学质量。

综上，围绕人工智能要素的教育工作体系以及AIGC未来的深化应用，将为学生创造更加智能化、人性化的学习环境和学习体验，对推进教育活动创新改革、学生素质提升、教育公平方面都有重要的意义。人工智能教育成为AI皇冠上的明珠，当之无愧！

• AIGC对教育的“扬长避短”

虽然人工智能对教育的意义影响深远，但对于“数字原住民”的当代学生，面对ChatGPT精准搜索信息、自动过滤冗余数据、筛选最适合的选项并快速呈现结果的“本领”，真的能抵御住诱惑吗？ChatGPT帮助学生完成论文和作业，并生成能够在一定程度上“逃脱”检测系统的发言，降低了作弊的难度和成本，对学术诚信方面带来巨大挑战。

ChatGPT自问世以来，让人类重新审视教育的本质，深刻反思培养什么样的学生才不会被未来的信息社会所淘汰，面对这些问题，需要教育工作者客观、科学地定义真正有用的知识体系，以及真正对社会发展和人类文明进步有价值的文化内涵。人工智能的成功不是体现在取代了人，也不是为了让人工智能和人类智能“打擂台”，而是一种能让人机共生、紧密协同、价值共创形式的成功。这些思考方向，为智能教育的未来走向带来了深刻洞察。人工智能的发展和普及，使得人们获得知识的方式更加便捷。此时，对问题的意识、提出和解决，对知识的意义和价值的判断，逐渐突出成为教育活动的关键。站在AI技术的肩膀上，将知识和信息变得更具有创意，在未来显得更为迫切。

ChatGPT的即时反应输出能力，跨越了“学”的阶段，直接给出结果。短期内，一些学生会通过工具偷懒，尝到甜头，但很快会受到负面的影响。过度依赖类ChatGPT等的人工智能工具会使人失去自我视角、深度思考，以及明辨是非的能力。知识学习最重要的部分是理解的过程，而不是知识掌握的结果。

教育工作者要让学生明白，利用AI辅助工具提高学习效率，和让工具替自己思考、做决策，根本上是两回事，也是截然不同的学习态度。用ChatGPT撰写综述的同学，将丧失获得研究灵感的愉悦与思维训练的机会。

认识到学生可能利用AIGC工具作弊或产生依赖性，不应先想到禁止，而是要换个思维方式，合理运用人工智能去改变教师的教学手段、学生的训练和考核模式。如果总是站在旧的框架下思考问题，那么便无法促使教育活动的创新和教育新理念的推广。

我们应该用理性、辩证的角度看待ChatGPT等AIGC技术在开辟新教育方式上的潜力（见图5-4）。

图5-4 人工智能辅助教学应用场景

例如，AIGC 技术可以自动生成各种语言和文化背景下的学习内容，这将使得跨文化教育更加便捷和普及化；利用AIGC技术可以自动生成各种形式的互动内容，如虚拟实景和增强现实等，更加生动、丰富、有趣地呈现教育内容，提高学生的学习积极性和兴趣；AIGC 技术可以帮助教育工作者收集和分析学生的学习数据，从而更加深入地了解学生的学习情况和学习需求，为制定更好的教育策略和教学计划提供科学支持；AIGC 技术可以根据学生的学习风格和兴趣，在对话交互过程中，为每个学生提供个性化的学习内容和指导，极大地激发每个学生的需求和潜力，促进学习效果提升。

除此以外，AIGC的自动化服务能力可以让学生在自己的节奏和时间内进行学习，不必受到学校和老师及时间和地点的限制，更契合实际加强学习的主动性；AIGC技术通过沟通中的人工强化反馈，可以更精确地评估学生的学习成果和能力水平，同时让学校和教育机构部门更好地监测教育质量，有效改进教育政策；AIGC技术还可以让不同学科之间的知识和技能在底层AI大模型上更好地交叉和融合，为学生提供更全面和综合的知识，提高学习和教学效果，增强学生的综合素质和创新能力……

• “接招”AIGC对教育发起的挑战

随着AIGC技术的加速落地，科技巨头企业纷纷加快布局智能化产业战略，AI领域相关岗位需求密集爆发。在具体“热招”的岗位中，涉及自然语言处理、图像识别、深度学习、计算机视觉、视觉搜索引擎等技术细分领域，也包括非技术方向的AIGC产品经理等职位。面对AIGC产业发展的迫切需要，人才端略显“供不应求”。

与ChatGPT紧密相关的三个技术领域分别是预训练大模型、对话机器人和AIGC。预训练大模型是ChatGPT产品的底层算法核心，对话机器人是ChatGPT的产品形态，AIGC是ChatGPT的技术赛道。这三个领域的人才需求中，AIGC所需人才数量的增速最快，新发布职位同比增长了将近42.51%。其次是预训练大模型，职位同比增长20.37%，人才需求主要集中在互联网、游戏、电子通信、半导体消费品等行业（见表5-1）。

表5-1　ChatGPT相关领域新发职位比较（2022年2月~2023年1月）

ChatGPT三大领域	新发职位占比排序	行业	新发职位占比
预训练大模型	1	互联网、游戏	59.85%
	2	电子通信、半导体	25.6%
	3	消费品	2.79%
对话机器人	1	互联网、游戏	64.17%
	2	电子通信、半导体	9 36%
	3	汽车	7.55%
AIGC	1	互联网、游戏	35.97%
	2	汽车	26.69%
	3	电子通信、半导体	10.47

从地域分布来看，AIGC人才主要会聚在一线城市以及新科技一线城市，特别是北京、上海、深圳，三地占据了60%以上的AIGC人才（见图5-5）。

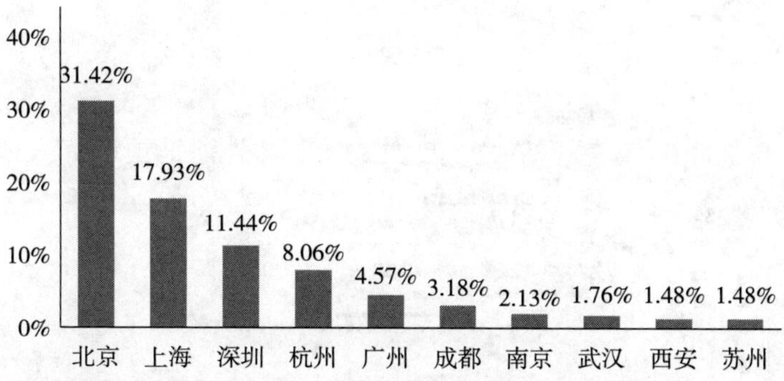

图5-5　AIGC人才主要分布城市（2022年2月~2023年2月）

数据、算法、算力是人工智能技术发展的“三驾马车”。这一轮AIGC的高调崛起，最为核心的驱动力就是AI技术的底层逻辑算法。而目前，市场上最缺的就是算法方面的人才。开源算法的便捷获得，使得接入AIGC功能的技术门槛非常低，基于网上下载的开源算法所研发的AI应用不胜枚举，但真正能在底层算法进行创新的工程师数量却非常稀少。按目前人工智能的发展趋势，预计到2025年，我国AI人才缺口将达到1000万，其中AI算法人才需求比例高达80%。

图5-6　招聘软件搜索“AIGC”相关岗位

另外，ChatGPT的火爆让AIGC成了社会、经济、科技的热点，在推动数字经济发展的同时，也给社会治理带来了信息和伦理方面的挑战。关于AIGC，“技术替代论”“对内容生成领域的统治”“未来再无创作瓶颈”等夸张观点，严重放大了大众对AIGC引领的人工智能产业的恐慌，人们开始争辩AIGC带来的版权、隐私、法律道德、学术不端等社会伦理问题是否会威胁到人类的权威性。

伴随人才的缺口和技术的威胁，这些问题都亟待我们从教育学的角度出发，思考和探讨如何构建当代社会的数据科学人才体系。无论是基础教育还是高等教育，应关注于涵盖学生多阶段、多维度的AI素质培养需求，包括创新能力、逻辑思维能力、辩证能力、实践动手能力等，以应对未来人工智能发展带来的技术更迭和伦理问题治理等难题。

多年前我国就提出了“科教兴国”的战略，是指科技兴国和教育兴国。科教兴国的关键是通过教育为国家培养科技人才，特别是科技创新型人才。国家“十四五”规划重点提及，人工智能是推动经济高质量发展的重要技术保障和核心驱动力之一。当下我们处在大数据、物联网和人工智能的科技革命时期，科技的竞争就是科技创新人才的竞争。那么，我国应该如何走出一条合适的科技创新教育人才的道路呢？

在基础教育阶段，面向青少年科普ChatGPT、AIGC、深度学习等人工智能科技概念是很有意义的事情，可以使学生深刻了解这些科技概念背后的原理、特征以及与生活息息相关的应用场景。相关工作能让青少年更好适应当今的数字智能社会，减少面对科技的焦虑感。在重视基础知识传授的同时，还需要深入培养青少年的逻辑思维能力，特别是灵活运用跨学科知识和方法分析问题和解决问题的能力。要重视教育学生，不能盲目信任科技产品，被新兴事物左右思想，学会以科学辩证的眼光看待AIGC等人工智能技术产品。

在高等教育阶段，要强调人工智能相关的通识教育，结合前沿AI科技知识和成果，培养学生基于AI技术活学活用、主动创新的综合实践能力。在该阶段，需要以培育“通识、通智、通用”的学科交叉型人才为目标，应对未来强烈的科技变革和产业革命。与此同时，要改变原有的教育思维范式，在推动AI人才培养的同时，以全新的角度出发，全面系统地引导学生对数据科学领域相关法律法规、伦理道德、经济风险等社会学、法学、经济学问题的关注和研究，让学生更好地应对科学发展的长效治理需求。

人工智能是经济社会发展的重要内驱力。人工智能产业的高质量发展，不仅需要依赖遵循自身发展态势和发展规律，更重要的是构建技术交叉领域的人才培养模式。人工智能技术是计算机、逻辑学、社会学、经济学等多学科交叉融合的产物。交叉学科人才培养是人工智能发展的重中之重。

人工智能可与各行各业、不同场景进行深度融合，可谓数字经济发展的重要原动力。尽管人工智能的飞速发展可能会威胁到未来很多就业岗位的需求，但培养“交叉融合”、“原始创新”、具有广阔科研视野、可提出颠覆性科学问题的高质量人才，才是积极应对智能技术发展的方式。正如机器学习专家Santiago Pino所言，AI不会取代你，能够取代你的是使用AI的人。我们关注AIGC对教育产业重塑的同时，也要让教育工作积极“备战”，未来AIGC对社会结构与产业格局将有深刻影响。

伦理思考：AIGC的道德困境

人类社会加速迈入智能化、数字化的同时，关于科技伦理的探讨也接踵而至。应该认识到的是，当前ChatGPT只是一个回答问题的工具，是一个训练有素的人工智能模型，没有情感意识和个性，不具有人类的思考能力和道德伦理价值观。人工智能技术的根本价值目标是造福于人，其与伦理道德之间的关系是相辅相成的。AIGC作为新兴的科技手段是悬在人类头顶的一把“达摩克利斯之剑”，既是创造美好生活的重要手段，也是亟待解决的伦理道德困境问题来源。

- AIGC的内容传播风险

随着AIGC的不断普及和行业应用，人们开始担忧未来人类是否会生活在一个无法辨别真伪的世界里。人工智能生成的信息并不总是准确的，AIGC 生成的内容越多、越真实，人们接受到的信息的真假越难以判断。

只要给出关键词和限制条件，ChatGPT就可以生成一篇格式规范的新闻文章，实现新闻内容的全部自动化输出，包括新闻标题、新闻内容，甚至用户评论。2023年2月16日，一条“杭州2023年3月1日将取消机动车尾号限行政策”的新闻，刷爆了网络。复盘此事件，是杭州某小区业主群在讨论ChatGPT时，一位业主尝试用ChatGPT写了一篇杭州取消限行的新闻稿，在业主群里直播了AI写作的全过程，并展示了最终文章。群里部分业主不看上下文，随手截图转发，导致失实信息传播。

除了容易产生误会，AIGC技术也给恶意信息的传播带来了更多机会。

其中，ChatGPT生成高质量文本内容的能力，让不法分子有机可乘，恶意“训练”人工智能为其办事。比如，让人工智能按照使用者要求的固定模式，通过书写看上去合法的电子邮件进行网络诈骗，严重损害公民的人身财产安全；结合其他AIGC技术，ChatGPT甚至还可以生成非常像样的政府招商文件、政策文件、政府公文进行信息欺诈。一旦虚假信息在政治、经济等关键领域泛滥，所造成的社会影响将非常恶劣。2022年12月，问答网站Stack Overflow命令禁止使用ChatGPT生成问题的答案，理由是ChatGPT的回答在事实上模棱两可，甚至还会编写恶意软件和网络钓鱼电子邮件。

部署和接入成本低廉、操作方式简单便捷，这些特质均“拉低”了人们对AIGC的使用门槛。对于AIGC，给定的生成条件越具体，输出的内容越真实。一旦用户非常了解作恶规则，就很容易达到不良目的。虽然人工智能技术领域近年加速发展和成熟，但人工智能伦理治理还是新命题。

目前还少有比较好的解决这一问题的方法。从算法角度来说，可以做隐性标记，区分出哪些图片是生成的，哪些是真实的，帮助数字化应用更好地主动筛选具有误导性的信息，防止负面信息快速传播。

在实际使用中，ChatGPT在特定情景或被恶意调教中缺乏坚定的道德立场，而有时，其又乐于给出道德建议和伦理价值判断，但它的回答不一定是有道德的、正确的。事实上，针对特定道德伦理问题，ChatGPT还曾一度给出相反建议，从而影响用户的道德判断。因此，使用ChatGPT可能会“增加伦理风险，而非改善道德判断”。未来，在使用AIGC时，需要更加关注可能导致的负面信息和观点的传播以及次生危害，引导AIGC技术的正面应用，并采取相应的法律、行业规则加以严格监督与制约。

ChatGPT会在一定程度上揣测人类的意图来理解上下文语境，但错误的信息仍然不可避免，得到似是而非的结果并不新奇，很多答案或结论经不起推敲。

当尝试给ChatGPT“诗人李白”“五言”“诗歌”等指令创作一首诗歌时，ChatGPT在短暂“思考”后会给出答案：“明月如霜冷，星光如烛照。”可以看出，ChatGPT毕竟不是富有想象力的真诗人，只是在庞大的语料库基础上通过深度学习实现了风格化的模仿效果。这句诗明显模仿诗人苏轼《永遇乐·明月如霜》中的诗句，从学术伦理方面看，多多少少会体现出一些“山寨”的味道。人工智能研究专家田涛源做了个测试，让ChatGPT解释小说《三体》里的“黑暗森林”，并命令其找出能够替代“黑暗森林”的新宇宙文明竞争法则。ChatGPT给出的解释遵守了文明之间互不通信的“黑暗森林”生存前提，但编造了诸如“暗流法则”“虚幻法则”“漂泊法则”等理论来搪塞。ChatGPT是在以往人类的存量知识中舞蹈，在遵从语法规则的前提下，从词语的搭配以及概率统计上找寻最大可能出现的词语组合，给出的很多结果存在质疑，不一定真实、正确、可靠。

如果AIGC不能真正地解决人们的问题，那么基于AIGC生成的数据内容一旦泛滥，形成了规模化，这些机器合成制造的低质量数据将会给数字世界、数字化业务，以及日常生活带来更多的混乱、干扰和误导。

• AIGC的版权责任问题

AI绘画作品的一个很大争议点在于版权。例如，DALL-E和Stable Diffusion等图形生成的AIGC工具就被质疑在互联网上随意抓取数据，且完全没有考虑任何许可或内容所有权方面的限制。此外，众多自媒体博主也开始使用AI绘画的作品用于文章创作。由于AI生成图像的版权归属争议，Shutterstock和Getty Images等公司已禁止在其平台上使用AI生成图像素材。

在以ChatGPT为代表的AIGC技术的逻辑关联度不断提高，以及越发接近于人类的常识、认知、需求和价值观的背景下，其生成作品的广泛传播和应用都存在潜在版权风险，有必要加以相应的风险识别和治理。人工智能主要是通过挖掘人类文本、数据、信息等资料做进一步的统计分析，对于受著作权保护的文本、视频、代码等，如果没有经过权利主体的授权，ChatGPT直接将这些内容纳入到自己的语料库中，并在此基础上修改、拼凑，极可能侵害到他人的合法权益。谈到版权问题，微软“小冰”很早就提出了“人工智能宣布放弃版权”的独特观点。ChatGPT的成功依托海量数据库信息，将大量互联网用户自行输入的信息纳入到语料库中进行模型的训练和优化，这种机制也将产生隐私泄露的风险。虽然ChatGPT承诺删除所有个人身份信息，但未说明具体的删除方式，在其不能对信息与数据来源进行事实核查的情况下，这类信息的采集和应用，还是会成为不可控的隐患。

另外，ChatGPT对庞大的数据的使用依赖会涉及数据安全、知识产权、违法数据的存储和使用等问题，算法模型在提供服务时，也同时存在认知偏见、道德、伦理、价值导向等核心问题，所以必须设立“安全门”来控制相关智能技术的应用风险。关于ChatGPT的作者署名权之争是学术领域关注的焦点问题之一。在ChatGPT发布的早期，关于署名权支持的声音较多，持支持观点的学者普遍认为，ChatGPT已具备相当高超的写作能力，出于对作品质量的价值考量，必要时应将其列入作者署名。而持反对意见的学者则认为，作者要为其作品负法律责任，从主体意义的层面看，ChatGPT无法为自己的行为负责，因此不具有作者署名权的条件。

一些学者认为，权利和义务是相伴相生的，所以何谈版权问题？

ChatGPT是人类构造看似智能的信息处理工具，但人仍然是责任主体。同时，人工智能生成技术也需要关注用户知情同意的问题，不能混淆它和人之间的边界，AIGC等智能产品的应用所带来的后果，很多时候是其自身没有办法承担的。

目前，鉴于AIGC生成内容是否等同于版权法上定义的作品并加以保护，仍处于探讨之中，未有定论。有必要通过外部检测技术或者完善的算法模型标注机制，对AIGC内容进行打标，和自然人创作的内容加以区分，防止后续可能涉及的版权法律风险及应对处理。2023年2月1日，OpenAI宣布推出名为“AI Text Classifier”的文本检测器，用来辅助辨别文本到底是人类撰写还是AI生成。虽然目前这项技术的准确度仍有待提升，但可以通过机器学习的手段不断优化，这也代表着一种关于“技术自治”的数字产业发展方向。

• AIGC的学术伦理困境

自ChatGPT发布以来，关注者对其引发的相关伦理问题的评论和看法纷呈。在人工智能从业者的领域内，诸多观点不可避免地集中在对技术现状、产业应用发展前景，以及对人类未来就业的影响，但学术伦理方面的问题尚未得到足够深入的重视。超能力学习机器人ChatGPT的出现使人工智能技术发展所引发的学术伦理问题不断激化，人们改善学术领域工作现状的使命感日益凸显。

当问到ChatGPT，"ChatGPT对学术伦理的影响"时，它回答"最近出现的大型语言模型（如ChatGPT）极大地影响了包括教育在内的许多领域。虽然这项技术在增强人类智能方面显示出巨大潜力，但也引发了对学术伦理的担忧。"人工智能正在"接管"学术界，ChatGPT模型可以快速复制已有学术文献，虽然其复制的文献没有出处，也没有正确性的考证来源，但会高效地不断产生其认为的客观答案，拼凑生成出"虚假"（有待考证）的学术文本。在学术工作中，使用AIGC时需持谨慎克制的态度。

2022年12月27日，美国西北大学Catherine Gao等人在预印本bioRxiv上发表了一篇用ChatGPT生成论文摘要的研究，研究的主要目的是测试科学家是否能发现自动合成的摘要文本信息。研究团队要求ChatGPT根据发表在顶级医学期刊上的精选论文来撰写研究摘要。之后研究团队通过论文剽窃检测器和人工智能输出检测器，分别对ChatGPT输出的摘要与原始摘要进行抄袭检测，其结果令人惊讶。ChatGPT通过算法自动编写的内容顺利通过了论文剽窃检查，未检测到抄袭痕迹，摘要的原创性得分竟为100%。这意味着ChatGPT在编造研究论文摘要方面，已经达到了人类专家都难辨真假的程度（见图5–7）。

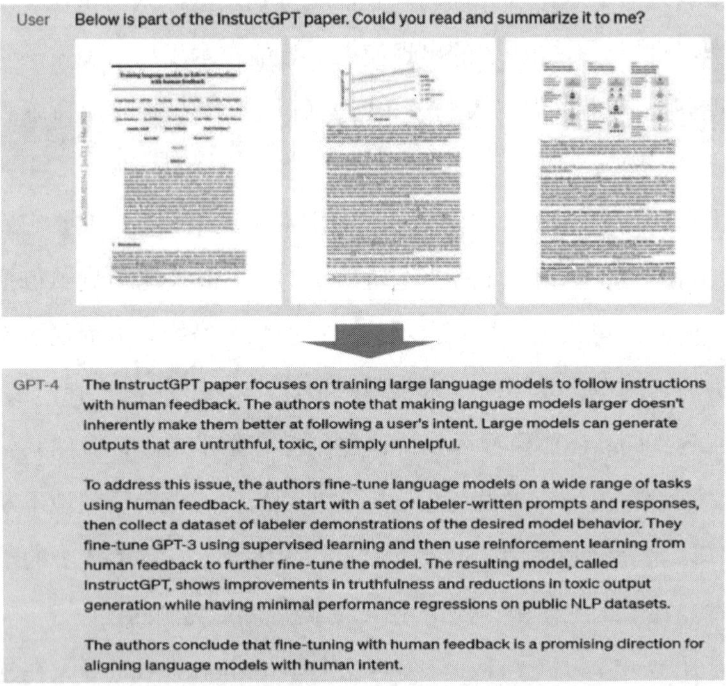

图5–7　使用“GPT–4”自动生成论文摘要

ChatGPT可以为学生提供丰富的信息，拓宽其知识面，加强对各类主题的理解。但这种便利也引发一系列伦理挑战。因此，学生可能会使用该模型制作本不属于其自身的作品，导致抄袭、剽窃等行为频繁出现，影响教育和学术生态。使用ChatGPT生成论文或报告的学生可能无法完全理解其写作的材料，持久地影响自身的创新能力，导致批判性思维逐渐匮乏，最终无法将所学知识灵活运用到现实世界中。

ChatGPT的使用还引发有关学术评价公平性的伦理问题。假如学生使用ChatGPT来生成学术作品，这不是在评估学生的能力和知识，而是在评估语言模型的能力，影响了平等竞争环境的构建。对AI技术资源获取能力的不均衡，将导致部分学生相较其他学生拥有不公平性的优势。

一旦把ChatGPT当成“嘴替”或“文替”，数据的滥用或对知识的不完整采用，将为错误信息的传播埋下风险和隐患。学生和科研人员在使用ChatGPT的过程中要遵循学术伦理，以确保学术的真实性和公正性，也要主动为所输出科研成果对社会的影响承担责任。

未来，对人工智能技术使用的监管，需要深入到人工智能系统的整个生命周期，关注到其中每个具体的产业环节，包括语料库的筛选标准制定、参与人工标注的人员培训、系统开发者的价值观考察等。

除此以外，还要增强全社会人工智能的伦理意识和行为自觉，配合数据和AI技术相关法律法规政策，积极引导负责任的人工智能研发与应用活动，促进人工智能产业的健康发展。当前

ChatGPT以及相关AIGC技术对人类社会还没有形成真正的威胁，但人们要在新事物发展之初就以严谨、客观、理性的心态，科学系统地布局规划，良性赋能数字经济的长远革命演化。

第六章

AIGC未来前瞻

以ChatGPT为代表的AIGC技术，具有非常广阔的产业应用前景，不仅加速了很多技术产业的发展进程，同时也改变了人们在知识类工作方面的基本生产方式。从技术方面，AIGC所依赖的大模型技术，仍然处在早期的发展阶段，在效率和性能上仍有不少突破方向，未来仍有巨大的想象空间。与此同时，大模型的国产化进程热情高涨，国内很多优秀的互联网企业都研发了具有强大产业应用价值的AI大模型，不断缩短国内外在AIGC方面的差距。未来，AIGC将引领数字经济的体系化变革，在数字化转型、数字化创新方面发挥巨大产能优势，给商业形态的重塑带来重要的启发。

迈向智能新境界

当前AIGC技术发展非常迅速，其强大的内容生成能力推动AI产业发展上升到了一个全新的高度。AI技术对传统行业的影响更加深远，未来将会衍生出更多高级的技术应用形式，进一步促进智能产业的繁荣。

• AIGC的技术价值前景

AIGC的技术潜力是巨大的，数字内容生成的效率和质量不断提高，将极大地促进数字世界的建设步伐。在充沛的算力和智能的算法双重驱动下，数字世界的创建效率将远远大于物理世界。在数字世界中，可以构建更加紧密和丰富的实体联系，极大地提升信息交互的效率，推动社交、娱乐、生产，以及贸易等各类社会活动。

AIGC对Web3.0的意义已毋庸置疑。在智能生成算法的加持下，内容创作的门槛极大降低，效率更高，数字内容的生产只依赖于人们具有灵性的想法，人们不必考虑内容生成的细节。知识和概念才是内容创作的内核，只要人们能想到的点子，机器就能将其活灵活现地实现。AIGC极大地推进了新一代互联网的发展速度，鼓励个体对互联网环境的知识贡献。AI技术优质的内容生产力，也进一步强化了Web3.0模式中内容创作的经济价值属性。

沿着Web3.0进一步展望，AIGC将赋能元宇宙时代更早全面落地。在元宇宙的技术概念畅享下，将打造一个全虚拟、全仿真的平行世界。结合大量对现实世界的观察和学习，AIGC技术已经可以生成真实性很强的数字内容，自动构建出与现实世界相比更逼真的场景化特效。AIGC技术不仅可以动态生成满足业务应用的三维数字场景，还可以保证虚拟世界中的NPC角色具有更自然流畅的交互能力，以及更灵活的反应行为能力。

AIGC对数字世界建设的意义，不仅体现在丰富的数字产品本身，还在于搭建出了一个高性能的数字平行系统，推动了业务的深度数字化。在数字系统中，依赖于计算机高性能的仿真计算能力，可以更快地对物理世界中的场景进行实验、验证，以及预测，更高效地进行不同产业问题的复杂决策。

这其实就是“数字孪生”的技术构想，为物理世界构建一个等价的数字模型，这个数字模型不仅包括被分析的业务对象实体，还包括与该实体进行交互的外部环境。通过AIGC，能够以更低的成本构建出高仿真的活动环境，保证数字世界中的模拟计算结果与现实物理世界的实际运行结果更加接近。以此为思路，未来在无人驾驶、装备制造、工业设计、调度决策、城市管理等诸多细分领域，AIGC都将会创造出重要的产业价值。

AIGC极大地解放了人们的生产力，这将极大地改变传统行业的生产要素结构。在越来越多的行业中，基础的信息处理职能都会逐渐被AIGC技术替代，以此来降低企业在人力方面的成本。

在产业活动中，人的独特价值将体现在知识创造层面，而不是信息加工层面。例如，在数字内容编辑、数字内容生成等领域，AIGC技术代替了大量的传统人工编辑操作，更多地引入自动化、智能化的工具提高产能；在智能客服场景，AIGC进一步降低了人工介入的比例，覆盖到更多样化的问题需求。

未来的产业模式中，需要人和机器之间彼此有机、密切配合。比较理想的状态是，常态化、浅层的信息处理任务都由AI算法来执行，人来负责非结构化程度较高、场景小众特殊，以及创新和设计成分比重较大的复杂任务。以工业机器人为代表的传统的AI解放了人的体力劳动，面向多模态数据合成的AIGC技术则解放人的脑力劳动。让人可以把精力集中于更具产业价值的知识类工作中。

除了以上方面，AIGC的另一个技术价值前景，在于从总体上提升了数字化创新效率。首先，AIGC依赖的大模型技术底座，作为一个公共知识库，可以为前端的AI应用进行快速的知识赋能，更多的数字化创新可以站在巨人的肩膀上，获得技术能力的飞跃式提升。更多的AI算法模型将具备“通用知识”融合“领域知识”的综合架构，对大模型进行二次开发构建数字化产品的模式将成为主流的研发手段。

另外，当前很多AIGC大模型都具有跨模态的功能特性，能够实现不同格式、不同类型数据之间的语义映射。跨模态的算法模型具有更强的信息表示能力，可以对异构的数据源进行深度融合，将其在同一语义空间中进行统一映射和分析处理。在这一点上，AI技术将更加接近于人对外部信息的感官能力——无论是声音、图像，还是文字，对于人们来说本质上并没有区别，都是承载着内容的信息形态。

以DALL-E2为代表的跨模态大模型是未来AI技术的重要发展方向。首先，跨模态特性意味着更加灵活的人机交互方式，代表性的技术应用包括能够同时处理文本和图像数据的多模态检索、跨模态检索等高级信息服务。其次，跨模态更重要的意义在于进一步激发了数据驱动的知识发现潜力。跨模态技术将不同类型的数据叠加在一起，允许在更大数据范围和数据规模下进行信息的综合加工处理，从而提供了更多数字化产业创新机会，同时也加速了不同领域业务的有机融合。

- **AI大模型的技术发展方向**

大模型是AIGC技术的技术内核，复杂的模型结构，巨大的参数规模，支持了AIGC生成内容的多样性和灵活性。当前的AI大模型尽管在功能上已经非常成熟，但仍有很大的改善空间，未来具有非常丰富的前瞻探索机会。下面将展望一些AI大模型未来的重要技术发展方向。

首先，AI大模型的基础算法架构的优化和创新设计是一个非常重要的研究方向。

当前算法模型的性能提升，主要技术手段在于增加模型的参数规模，提升数据资源和算力的综合投入，然而这种技术路线已经开始呈现出边际收益递减的趋势。更多的参数不一定对应着更强的智能。单纯的规模化策略，很容易让智能技术的研究触及增长的极限，并且很难构建出具有更高抽象能力的AI思维活动。

新的算法模型架构，在兼具当前大模型的能力基础之上，底层不一定沿用传统的人工神经网络范式。例如，当前不少研究集中于与神经科学交叉的类脑计算领域。神经科学侧重于重构大脑内部的精细结构和生理细节，具有低能耗、可塑性强的特点；传统人工智能技术侧重于对神经结构的数学抽象，具有高效的计算性能，但是其综合能耗较高，同时对外部数据的依赖性较大。

因此，如果将神经科学与人工智能进行有机结合，就可以构建出兼具生物合理性和计算高效性的全新计算范式。当前比较有代表性的一种前沿技术是ANN+Neural Dynamics的脉冲神经元模型。

其次，AI大模型需要在应用效率方面进一步地提升。

AI大模型由于参数体量庞大，因此在产业应用阶段，会产生非常大的计算能耗。在模型的训练阶段，训练一个大模型的时间成本是不可忽视的。

为了提高模型的训练效率，需要在算力和算法方面同时提高性能。在算力方面，一方面需要引入更加适合深度学习算法任务的高性能AI计算芯片，另一方面需要设计实现更高效的分布式计算架构，提高数据模型训练的“并行化”水平；在算法方面，需要关注预训练大模型在下游场景应用中进行业务适配的参数更新效率，研究如何通过更少量的参数调整，让预训练模型与实际预测任务进行快速兼容，降低模型二次开发的成本和能耗。

在模型的预测推理阶段，计算任务的复杂性依然不可忽视。前端用户的交互对于时效性的要求很高，同时数据服务的大规模访问量对后台服务器造成的任务负担也非常繁重。因此，大模型在实际部署应用时，亟须进行“瘦身”手术。如何在不影响最终输出内容质量的条件下，让模型变得更加“轻量”，是十分重要的一个技术需求。当前比较常见的技术手段包括对模型进行剪枝，或采用知识蒸馏技术对模型进行压缩。

从资源能耗的角度看，未来人们将越来越关注AI模型在规模化方面的“性价比”。模型是否“越大越好”将是一个值得深入反思的问题。在某些特定任务中，传统小型AI模型与基于大模型微调的预训练模型相比也可能表现更佳。当前业界已经提出了Green AI的概念，提倡把模型开发和应用产生的能耗考虑进模型的整体评价体系中。

尽管用于模型能耗衡量的变量有碳排放、用电量、消耗时间、模型参数数量等诸多参考指标，但相对更为客观的一项指标是FPO（浮点运算）。FPO能够准确估计模型训练以及推理过程中执行的有效计算工作量。通过定义“加”和“乘”两个基本操作，可以统计出任何抽象算法操作的实际成本，包括矩阵乘法、卷积操作等。FPO是与能量消耗直接相关的重要底层算法参数。基于FPO的模型能耗评估方法，可以在同等或近似的性能标准上，比较不同模型之间的优劣，引导AI模型设计向着更加绿色、轻巧的方向发展。

面向AIGC方面的需求，大模型需要进一步提高内容生成的可控性。前文中在对ChatGPT进行介绍时，已经提到了模型生成内容不可控的问题，比如经常会生成具有危害的信息反馈。预训练大模型由于底层结构过于复杂，因此在可控性方面的性能问题就会比较突出。模型输出效果的偏差很难通过简单的外部干预来调整，这也是常规复杂系统都会面临的问题。人们在面对复杂系统的规模优势的时候，也需要时刻警惕被这种庞然大物带来的不确定性反噬。

复杂的模型结构同样给想要浑水摸鱼的人开了漏洞。比如，如果有恶意程序对大模型的底层代码逻辑进行了篡改，就很容易导致系统功能的瞬间崩溃，并且导致这种混乱的原因非常隐蔽，不易被发现。关键的参数位置变化，经过神经网络深层结构的逐步放大，很容易引起“蝴蝶效应”，产生超出预期的负面影响。因此，预训练大模型不仅需要在结构上更加稳定，同时需要建立有效的验证机制，来保障模型参数的准确性和风险可控性。

除此以外，如何将人的知识经验以及对输出内容的刚性约束添加到大模型中，也是值得深入探索的问题。预训练大模型是基于连接主义的AI技术形态，领域知识必须通过数值计算的方式才能对模型的输出结果发挥作用。显性的、符号形式的知识需要融合到预训练大模型中，对模型的内容理解和内容生成提供有效的约束和控制，更加直接地引导模型对外部信息的反馈。

当今，知识图谱和预训练大模型，分别作为符号主义和连接主义的两大杰出技术成果，均以惊人的速度迅猛发展，二者的有效融合、协同优化，将是具有前景的人工智能应用创新方向。

另外一个创新方向，是关于AI大模型在能力边界上的进一步拓展和延伸。现在业界主流的AI大模型所处理的数据类型相对还比较集中，主要是处理文本和图像类数据，对其他模态的数据兼顾较少。现在，ChatGPT已经可以根据人工指令自动生成代码片段，未来或许可以针对更多类型的编程语言提供强大的代码生成能力，进一步帮助工程师来降低软件系统的开发成本。

在内容创作形式上，大模型的生成能力也需要进一步丰富完善，对3D模型的自动创作将是未来热门的突破领域。3D模型的生成在技术难度上远远高于传统2D图像的生成，但是其应用潜力更加巨大。3D模型的快速生成能力，不仅有效推动VR、AR、元宇宙等基于三维沉浸式场景的概念落地实现，还有利于加速数字孪生对产业研发的重大影响。

例如，通过AIGC大模型的3D模型生成技术，可以自动模拟蛋白质的三维结构，模型或许可以像DALL-E2通过文字绘图一样，根据外部指令自动完成蛋白质结构的设计，这将极大地提高生物医药的研发水平。大自然花了上亿年形成蛋白质进化规律，这一切都在算法里了，尽管人类不能完全理解这些规律，却可以发明出强大的工具，然后命令它“生产一个可以与 X 结合的分子”。

除了支撑更多数据类型的生成，大模型能力的提升还将体现在不断类人的认知水平的升级。ChatGPT的别出一格其实就是在于它实在太像人了，随着模型背后的数据规模增长到一定程度，新的能力不断涌现，聊天机器人将会变得越来越像“聊天的人”。

AI算法从感知能力，到不断获得简单分析的认知能力，到获得分析复杂问题的高级认知能力，最后再到不断进化获得自我意识、感情、想象力、价值观这些人类独有的抽象思维活动，这些更高级的“智能”是否都可以通过数据规模的增长来获得，以及是否需要引入新的算法机制，这些都是非常有价值的研究方向。

国产化大模型：实践与挑战

ChatGPT出现后，不仅让人们看到了AIGC的巨大技术潜力，也让人们开始反思国内大模型方面的实践和国际上的差距。ChatGPT无所不能的表现背后，是预训练大模型GPT-3.5底层强悍的技术架构能力。如果想要获得国产化的ChatGPT，就需要在预训练大模型方向上迎头赶上，加大相关基础领域的研发投入，持续进行产业深耕和理论创新。

• 国内外大模型的主要差距

当前，国产大模型与国际上顶尖的AI大模型的差距，在算法、算力以及数据三个方面均有一定的体现：

在算法上，大模型的基础算法架构还比较缺乏具有突破性的创新成果

大多数国产大模型的能力提升主要还是依靠模型本身参数的规模增长来驱动，通过不断做大模型的体量，来获得更加可观的应用效果。但光是大并不意味着好，来自算法模式的底层创新才是持久增长的真正秘诀。未来亟须创造出类似于Transformers、Diffusion这种具产业引领意义的优秀算法架构。

在算力上，芯片技术的发展限制了大模型的研发能力

高性能的芯片意味着更快的训练效率以及更低的能耗水平。对于大模型的研发，模型训练的时间周期是不可忽视的关键变量。如果能够有效缩短模型的训练时间，将极大地提升大模型的产业创新力。

在人工智能领域，以英伟达为代表的技术厂商针对大模型训练任务发布了很多极具代表性的前沿计算硬件设备。当前，国内企业也已经积极开始布局芯片产业，力图尽快缩短相关领域的差距。其中，代表性的优质AI芯片包括百度的昆仑芯2、华为的升腾910、阿里的平头哥含光800，以及寒武纪的思元370等。

在数据上，国内外的相关差距主要表现为数据的规范性和开放性不足

在ChatGPT的优秀成绩中，巨大的训练数据功不可没。对标ChatGPT构建国产化的语言大模型，也需要依赖于海量优质的数据资源。国内的数据资源天然丰富，但是相关的数据要素潜力还没有被充分激活。

我国电子数据资源建设方面相对薄弱，数据质量和数据标准都有待提高。数据的规范性管理是大多数企业和机构未来需要面对的重点问题。在数据开放性方面，同样和国外存在一定的差距，数据开放性不足将难以保证模型得到充分的训练指导。未来需要继续推进数据的开放共享，努力推动更多有价值的公共数据资源建设，打通数据孤岛，推动全行业、全社会的数据互联互通。

• 盘点优秀的国产大模型

当今在大模型的研究领域，国内的行业巨头已经开始全面发力，逐步突破相关的技术难点，并构建了不少优秀的AI大模型科技成果。这些科技成果在诸多行业中都得到了有效的能力验证，并引领着各行业迈向更高的智能应用水平。

百度："文心"大模型

"文心"（ERNIE）是百度公司发布的产业级综合的知识增强型大模型，是大模型技术和国产深度学习框架融合发展的优秀技术成果产出。"文心"大模型是非常具有行业代表性的自主创新AI技术底座，极大地降低了产业端AI技术研发门槛，有效地发挥了海量数据资源要素的产业价值，为产业端不同任务场景的个性化智能应用需求提供了重要赋能。"文心"大模型具有知识增强和产业级两大技术特色（见图6–1）。

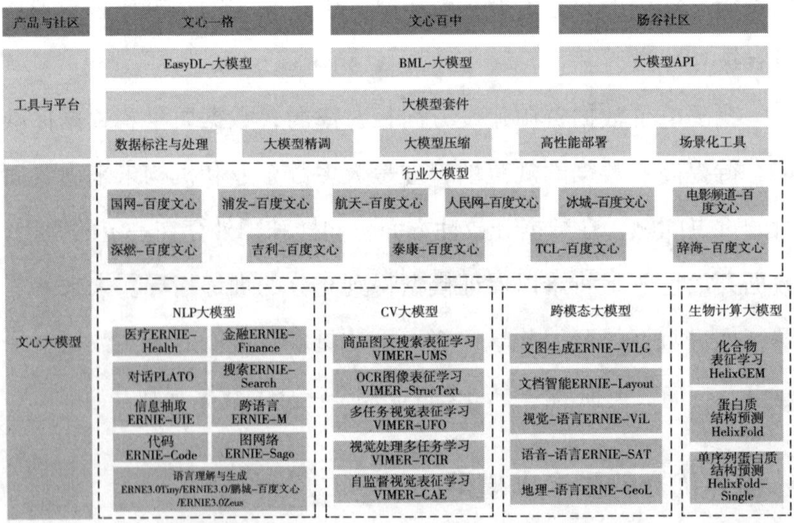

图6–1　百度"文心"产业级知识增强大模型

所谓知识增强，就是利用知识来引导预训练大模型的参数学习任务。和一般的数据相比，知识的信息价值密度更高，在模型的训练过程中，引入已知的公共知识和行业知识，将数据与知识融合，可以很有效地提高模型的训练效率以及模型的训练结果。在“文心”ERNIE 3.0自然语言大模型中，百度首次在百亿和千亿级的预训练大模型中引入了大规模的知识图谱数据，充分发挥了百度在知识计算领域的前沿AI能力积累优势。

产业级，是指大模型的落地深度响应产业端的实际业务需求，源于产业实践，服务于产业实践。百度联合不同产业主体，针对不同产业应用的数据和知识进行学习，一共构造11个行业大模型，涵盖电力、燃气、金融、航天、传媒、城市、影视、制造、社科等不同细分领域。例如，在电力领域，百度和国家电网联合研发了国网－百度·文心大模型；在燃气领域，百度联合深圳燃气发布了深燃－百度·文心大模型；在金融领域，百度和浦发银行、泰康保险联合研发了浦发－百度·文心和泰康－百度·文心。

“文心”大模型涉及多种类型数据的理解和生成任务，其大模型体系包含NLP大模型、CV大模型、跨模态大模型，以及生物计算大模型等多个能力板块。“文心”大模型的初衷在于不断降低产业端使用预训练大模型的技术门槛，让更多企业可以拥抱最前沿的AI技术能力。当前，“文心”已支撑数百家企业与机构的实际业务，并产生了具有实效性的落地应用。

“文心”的强势能力输出，底层依赖于百度自有的深度学习技术平台PaddlePaddle（飞桨）。为了应对深度学习大模型在训练和推理方面的挑战，PaddlePaddle发布了端到端的大模型开发套件PaddleFleetX。

对于大模型的训练，PaddleFleetX提供了在异构硬件上的模型自适应并行训练能力，并有效提升了模型训练的速度和可靠性；对于大模型的推理，PaddleFleetX提供了分布式的自适应推理解决方案，同时兼顾了超大规模数据模型的服务化部署以及端侧的轻量化部署。

当前，以“文心”为算法技术内核的虚拟AI助手度晓晓，在全国高考作文写作中勇夺高分，其绘画作品跻身亮相于西安美术学院毕业展，并联合龚俊数字人推出了国内首个虚拟偶像AIGC创作歌曲。近期，百度已经官宣了基于“文心”大模型的“文心一言”项目，英文名为ERNIE Bot，该项目是一款智能生成式对话技术产品，该项目被外界誉为“中国版ChatGPT”，将更加符合中国人的文化需求与思维习惯。

腾讯：混元大模型

2022年4月，腾讯公司首次对外披露了超大参数规模的AI大模型混元（HunYuan）。HunYuan的技术体系完整覆盖了NLP大模型、CV大模型、多模态大模型，以及面向不同行业的应用大模型。其中，HunYuan-NLP是万亿级别的中文NLP大模型，其模型的参数规模达1T。HunYuan曾在CLUE（中文语言理解评测集合）

的三个任务榜单上同时登顶，一举打破了三项纪录，并实现了跨模态领域的大满贯（见图6-2）。

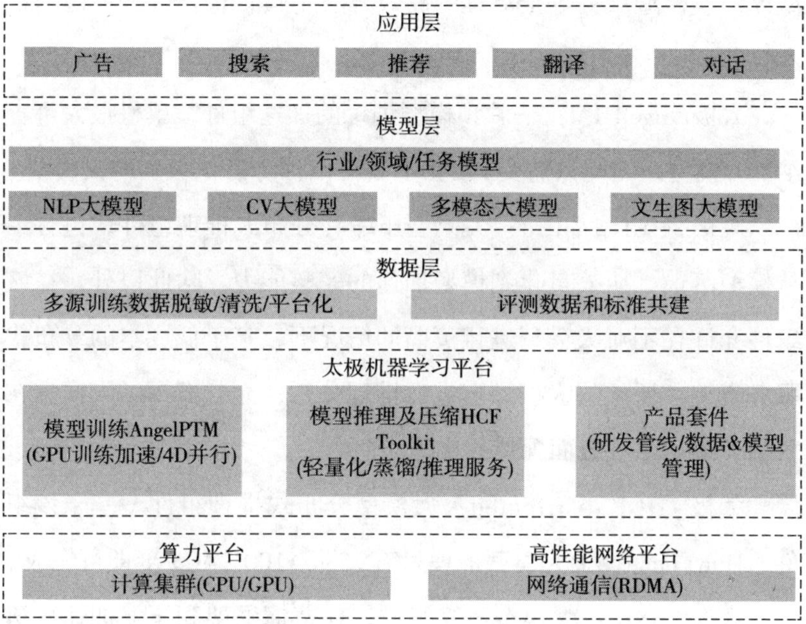

图6-2　腾讯“混元”全行业大模型功能体系

HunYuan的优秀表现和腾讯在AI技术领域的长期投入是分不开的。实际上，腾讯很早就开始布局对话式智能产品方向的专项技术研发工作，并在AI大模型、机器学习、自然语言处理等领域具有非常丰厚的能力储备。基于HunYuan大模型的研发成果构建的“腾讯智能助手”工具，底层依赖于性能稳定的强化学习算法训练，当前已经成为了业界的前沿技术标杆。

HunYuan的技术底座是腾讯自主研发的太极一站式机器学习

生态服务平台，该平台为大模型的成功研发和高性能服务提供优质的技术基础保障。太极平台覆盖了数据预处理、模型训练、模型评估、模型服务等全流程的高效开发工具，包含以下关键的技术组件：

太极AngelPTM：一款预模型训练的加速组件，单机最大可容纳55B模型，因此只需要192张卡就可以训练万亿级别的大模型。

太极-HCF ToolKit：大模型压缩和分布式推理组件，包含了从模型蒸馏、压缩量化到模型加速的完整能力。除此以外，在该组件允许在不对大模型进行蒸馏的情况下，基于低成本的分布式服务直接在原始的大模型上进行推理分析，充分发挥了大模型在数据理解和生成方面独特的优势。

太极-HCF distributed：大模型分布式推理组件，基于该组件，HunYuan-NLP大模型推理只需96张A100（4G）卡即可完成。

太极-SNIP：大模型压缩组件，在蒸馏框架和压缩加速算法两方面实现了更高效、成本更低的大模型压缩效果。

关于HunYuan在AIGC技术方面的应用，主要体现在对腾讯广告业务的支撑。HunYuan的内容自动生成能力促进了极具创意的文案生成，显著提升了广告制作产业的综合任务效率。其中，HunYuan大模型可以通过“图生视频”功能，将静态的图片自动生成不同样式的视频广告；通过“文案助手”功能，能够为广告自动生成相对应的精准标题，提升广告的宣传效果；通过“文生视频”功能，也可以将简单的一句广告文案，通过联想的方式动态生成与之匹配的视频广告作品。

华为：盘古大模型

华为团队于2020年开始立项进行AI大模型的研究，2021年4月，华为推出了著名的“盘古大模型”。盘古大模型、升腾（Ascend）芯片、升思（MindSpore）语言、ModelArts 平台，共同构成了华为全栈式人工智能解决方案。当前，盘古大模型已经发展出了基础大模型（L0）、行业大模型（L1），以及行业细分场景模型（L2）三大类别技术体系（见图6-3）。

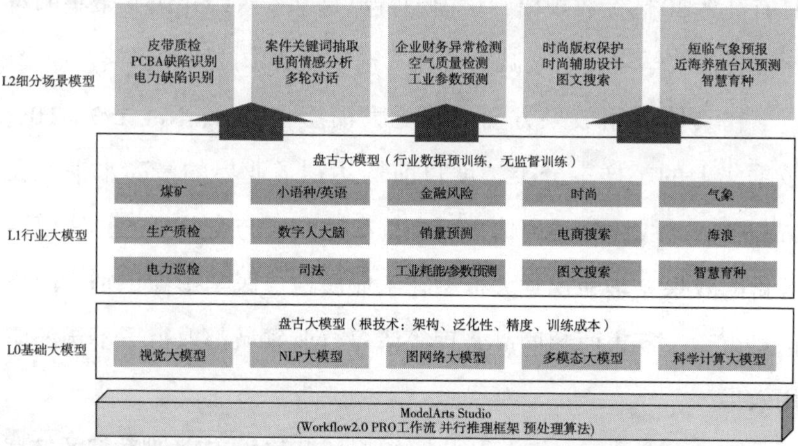

图6-3　华为“盘古”大模型核心技术功能架构

ModelArts是华为盘古大模型的底层技术底座支撑，具备强大的机器学习和深度学习高性能计算引擎，提供交互式智能标注、分布式模型训练、全流程AI模型管理等核心技术应用研发能力。

盘古大模型主要包括以下几个主要的“子模型”：

文本大模型。具备强大的文本内容理解能力和生成能力，可以从复杂的原始文本数据中提取关键信息要素，准确进行综合语义分析。2021年，华为在开发者大会上发布了与循环智能、鹏城实验室联合开发的中文语言预训练大模型，该模型基于40TB数据训练而成，包含千亿参数规模。

视觉大模型。是华为在CV方面多年深耕积累的技术成果结晶，可以准确地对各行业的图像数据进行识别或异常检测。华为在CV领域的大模型融合了卷积神经网络和Transformer技术架构，具有高达30亿参数规模，该模型特点是基于等级化语义聚集的对比度自监督学习，有效减少了样本选取过程中的噪声影响。

在具体应用效果方面，视觉大模型在ImageNet 1%、10%数据集上的小样本分类精度目前均达到了业界的最高水平，在ImageNet的线性分类评估方面也首次达到了与全监督的算法模型等价的效果。华为视觉大模型在工业质检、医学影像识别、网络信息审查、零售商超商品管理等诸多行业领域都取得了不错的应用效果。

多模态大模型。集中的能力体现是基于对特定类型数据的信息理解进行定向的AIGC内容生成。该模型采用了双塔架构，通过不同的神经网络来对不同模态的数据进行信息抽取，在各模态的信息分别抽取完成后，将其在模型的最后一层进行信息融合。华为多模态大模型使用LOUPE算法进行模型的预训练，其可用于“以文生图”，或“以图生文”等各行业的跨模态内容自动生成任务中。

在大模型方面，华为最大的“成绩”并不一定是模型产出本身，而是一种集“产、学、研”三者于一体的技术成果共创模式。为了更高效率地落实AI大模型的全面产业化战略，华为以“联合体”的模式把科研院所、技术厂商紧密地联合起来，以实际业务场景为驱动，协同推进大模型的能力成长和应用闭环。当前，华为已发起的“联合体”有智能遥感开源生态联合体、多模态人工智能产业联合体，以及智能流体力学产业联合体等。

数字经济：AIGC的领导力

随着AIGC技术的不断成熟，以及其在不同行业的深入应用，我们需要认识到AIGC正在对人们的生产和生活产生越来越大的影响。在以数据要素为核心的数字经济时代，数据往往伴随着巨大的生产力，而AIGC作为可以自动化批量生产数据的关键技术，也必将占据更为重要的产业核心地位。

• 数字化转型，AIGC的未来主战场

数字化转型，是当今任何企业都不得不面对的重要战略议题。所谓数字化转型，就是通过使用数据资源以及相关的数据科学技术，对业务进行改进和优化，实现产业能力的体系化提升。

数字化是信息化活动深度发展的必然阶段，强调的是使用数

据对业务线条进行重塑。在数字化转型的构想中，数字世界的信息活动非常重要，通过数据分析得到的结论将对现实物理世界的业务产生不容忽视的影响。

在数字化转型工作中，有效的转型工作既依赖于对数据进行规划和管理，同时也涉及基于数据进行具体的数字化应用创新。在数字化创新活动中，实现了从业务到数据，再从数据到业务的完整“信息链”闭环——通过机器自动分析数据，从中得到有价值的业务结论，这些结论又反过来指导业务，对业务活动产生影响。

总而言之，关于数字化转型一个不争的事实是，数字世界相比于物理世界，具有更高的信息传播效率和更低的业务执行阻力，把业务尽可能地“搬家”到数字世界中，让算法、模型、数据、服务等技术要素更多地参与到生产实践中，将是解决很多传统管理问题的有效思路。

数据就是资产，可以创造出经济效益。这一点已经成为产业界的共识。越来越多的企业开始抓紧“盘活”可获得的数据资源，加快发挥出数据要素的价值。在这个过程中，数据系统应用通常是必不可少的。前期的数字化建设中，更多系统应用主要是面向业务流程的自动化，而随着数字化转型工作的深入，越来越多的企业开始追求智能化的解决方案。

AIGC技术的成熟化和普及应用，给企业数字化转型实践带来了非常多有价值的应用落地思路。AIGC技术强大的信息理解能力、交互能力、内容生成能力，与数字化转型任务在“降本增效”上的基本目标恰好吻合。从AI到AIGC，机器不仅做到了提高业务效率，还实现了对人工作任务的替代。AIGC技术有利于进一步解放人的生产力，让人脱离于重复、单一、知识价值低的任务，从而“集中精力”开展更有意义的产业活动。

AIGC可以生成的数据类型是多样的，不仅包括传统意义上常见的文本、图像、音频、视频，还包括比较新颖的内容形式，比如代码、方程式、3D模型，甚至业务流程等。随着AIGC生成内容的多样性，企业更多的生产、服务、运营需求，都会不断地被机器替代有效落实完成。机器之所以能够“无所不能”，关键就在于机器从数据中学到了如何去应对不同类型的任务。

对于C端的泛消费、泛娱乐应用来说，基础的语言大模型大多已经能够满足丰富的应用需求。而对于B端企业数字化转型的业务来说，则还需要进一步构建起行业“专有”的大模型产品。行业大模型的能力基础仍然是通用的预训练大模型，但需要结合行业垂直的知识库和大规模的产业数据资源联合优化训练，推动模型的进一步调整与业务适配。AIGC的意义其实远不止于开放场景的社交和游戏，站在产业侧来看，基于限定场景的企业数字化需求应用同样蕴含巨大的商业机遇。

每一次前沿技术理念的出现，都势必会在产业各界引起不小的轰动和关注。企业为了获得持续增长的竞争力，就需要主动拥抱来自新技术的变革。计算机和互联网的普及，推动了信息化；

大数据和人工智能的普及，推动了数字化；而AIGC和预训练大模型的普及，则将继续引领产业革命，让企业迈上智能化、智慧化的新台阶。

AIGC在表现形式上是新颖的，趣味性和话题性十足，而企业端面对的则是传统的管理问题和商业问题。新形式能否解决老需求，新技术能否给传统的企业发展带来全新的活力，这是每一个转型中的企业都不得不面对思考的问题。

• AIGC如何赋能企业数字化转型

AIGC对企业数字化转型的影响是多方面的，能够激发很多有意义的业务创新应用。下面将介绍一些基于AIGC有价值的产业创新思路，帮助理解AIGC技术推动数字经济发展的重大意义（见图6-4）。

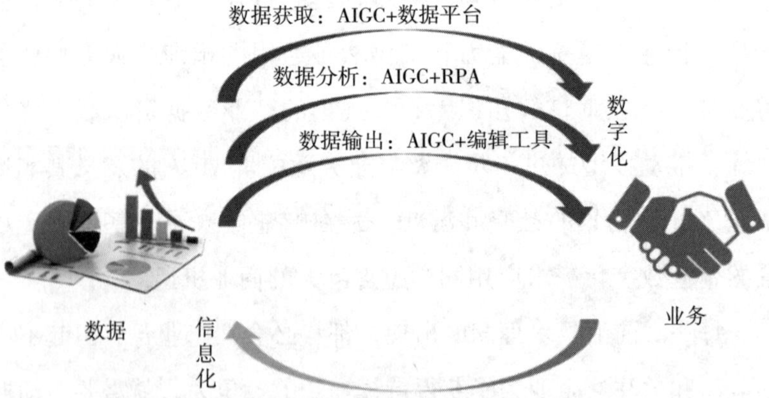

图6-4　AIGC对企业数字化转型的价值

从数据获取的视角看，AIGC对企业的信息服务能力的提升具有极大的促进作用

ChatGPT出现以来，人们在感叹它如此类人的交互能力特质的同时，也开始反思，到底能否把数据搜索平台也做的像ChatGPT一样智能？如果想要使用企业中某个专题的数据资源，不用再去数据平台上一张一张报表比对着配置数据筛选条件，也不需要亲自上手编写复杂的SQL脚本，从源头数据库中人工取数，而只要向“机器人助理”开口提问就好了。

在数字化时代，很多企业其实并不发愁没有数据，而是苦于找不到合适的数据。“管不好”“找不到”“看不懂”“用不准”，是企业端在业务活动中面对数据资源的通病。如果数据不能被有效获取，那么对企业来说，数据则会变成成本而不是资产。有效提高企业内部对数据的获取能力，需要从多方面展开，除了加强时间和精力的投入进行数据治理外，还需要构建强大的“取数”工具。

当今，构建数据检索平台、数据分析平台，是数字化转型工作中非常常见的技术实施需求。尽管这方面的系统开发工作开展了不少，但是对不少企业来说，其应用效果仍没有显著凸显。人的数据能力基础仍然是“制约”数字化转型的关键因素。再好的平台如果用不起来，还是会形成巨大的资源浪费和管理内耗。

以ChatGPT为代表的语言类AIGC技术，对于数据应用的技术产品形态上，是一项重要的未来突破方向。在AIGC算法模型的辅助下，用户以自然语言的形式提出数据需求，然后交给机器进行深度理解，机器结合数据库把相关的数据内容进行整合，以易于“阅读”的方式提交给用户，完成整个数据需求的反馈闭环。

AIGC技术可以作为一个善解人意的智能交互接口，把数据搜索、数据处理的全部技术细节隐藏起来，外在的表现就只是和用户对接数据需求，然后提交结果。简单的交互操作可以极大地提高人们使用数据，基于数据开展业务活动，以及进行数字化科学决策的积极性。因为降低了数据获取的技术门槛，从而真正解决了数字化应用走向使用化的“最后一公里”问题，让企业中的数据资源真正嵌入到业务回路。

从数据分析的视角看，AIGC技术除了提高对数据资源应用效率，同时还提高了对技术能力的应用效率

随着企业在管理水平上的不断提升，以及业务流程的标准化水平、规范化水平逐渐发展成熟，企业也会配套生成各种自动化的技术应用能力。通过这些自动化应用，可以在一定程度上替代人工完成传统的业务操作，提高办公效率。

然而实际情况中，企业用户对各个软件系统的使用并不熟悉，跨系统、跨产品的操作会给员工的日常工作带来很多负担。为了能够让办公自动化（Office Automation，OA）更加深入落地，可以将机器人流程自动化（Robotic Process Automation，RPA）技术作为一种可靠的解决方案。

有了RPA，机器就可以像普通员工一样，根据实际的工作需求，自动从各个相关系统中访问关键数据，按照一定的业务逻辑规则，对数据进行比对、分析，得到相应的结论，并配合输出所需提交成果。

与传统的OA系统不同，RPA不是单纯地进行任务的跟踪和同步，而是真正代替人执行各项业务操作。RPA衔接各个相关业务系统，其达到的实际效果不是局限在“单点”的业务数字化，而是面向全环节、全流程的业务数字化。RPA和智能化数据平台系统也不太一样，RPA的功能往往是跨系统、跨平台的。其目的是代替人来完成重复性较强的业务工作，降低对业务系统功能的调用门槛，帮助企业进一步缩减人力成本。

AIGC的强大内容生成能力，不仅可以产生数据，还可以产生“流程”。AIGC和RPA相结合，将进一步提高企业中业务流程的自动化水平。在理想的情况下，当面对特定任务需求时，员工只要下达指令，机器就可以准确理解任务需求，自动对任务分解，形成自动化操作的业务流程，代替人和各系统的业务功能入口进行数据交互。

图6-5为ChatGPT和RPA相互融合的一种数字化创新模式。在RPA的助力下，相当于给ChatGPT接上了“四肢”，机器不仅理解了任务，知道怎么做，并且自动就把任务完成了，把人从大量烦冗的日常事务性工作中彻底解放出来。

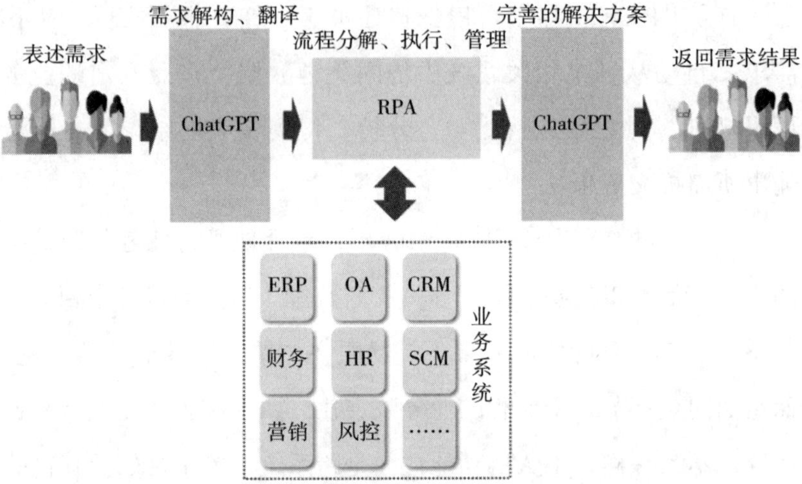

图6-5　ChatGPT+RPA融合的数字化创新模式

从数据输出的视角看，AIGC可以提高企业中内容编辑类工作的效率，提高业务人员的综合信息产出能力

AIGC技术可以根据用户的要求生成各式各样的数字内容，这项功能如果放在大众消费端，那么可以生成有趣的视频和头像，如果放在生产端，则可以代替人来提供不同的信息生产服务。在文创、广告、游戏等行业，AIGC技术已经得到了普遍深入的应用。不仅如此，在企业数字化转型的任务中，AIGC还可以代替人进行各种文字材料的编辑工作，提高业务人员总体的信息产出效率。

对于信息编辑类工作，像ChatGPT这种语言类的大模型应用，可以达到一种“柔性”模板的技术应用效果。很多“常规化”“范式化”的文字都可以通过ChatGPT的智能模块自动生成。

ChatGPT的模型训练，背后依赖于大量的语言资料的支撑，因此ChatGPT产生的文字质量相对较高，在对生成信息的细节逻辑性要求不太高的情况下，算法提供的文字片段可以辅助用户进行文字生产。如果能够将ChatGPT活学活用，ChatGPT完全可以成为一个优秀的文字秘书，让“写材料”不再是令人头疼的事。

未来，一种典型的基于AIGC进行文字内容创作的方式或许是这样的：

首先，用户确定需要撰写的内容标题，之后给ChatGPT下达写作任务，接着ChatGPT对写作需求进行准确理解，并通过大模型算法自动产生相应的文本信息片段。用户得到机器反馈的“初稿”，发现文字总体上可用，但是细节上需要完善，缺少部分逻辑性和核心观点。用户以机器自动生成的文本为基础，进行文字的二次加工和修改，得到最终高质量、有价值的文字内容。在整个内容创作过程中，机器主要负责文字的生产，而人则负责提供“好”的想法，共同协作完成文章撰写的任务。

除了以上提到的几个创新方面，AIGC对企业数字化转型的启发意义重大。依赖于产业大模型的AIGC技术能够提升人机交互效率、促进内容合成、加速信息融合，同时有效提高企业对数据的应用水平和基于数据的信息服务水平。

从MIS到AI，从AI再到AIGC，企业基于计算机技术的创新能力不断攀升，对智能化应用的理解以及应用方式也逐渐加深。同时，随着大模型的普及，企业能够以更低的成本获取到融合了海量数据与宝贵知识的最前沿的数据科学成果，并将其用于复杂的生产实践活动中。不管是对于商业模式创新，还是面向降本增效，AIGC都是未来非常关键的技术发展与应用趋势。

相信AIGC技术将伴随着企业数字化的浪潮，推动数字经济繁荣发展，并在下一个十年创造出更多与智能有关的奇迹！